当代大学英语教学研究

黄贝贝 著

中国书籍出版社
China Book Press

图书在版编目（CIP）数据

当代大学英语教学研究 / 黄贝贝著 . -- 北京：中国书籍出版社，2023.7
　ISBN 978-7-5068-9517-0

　Ⅰ. ①当… Ⅱ. ①黄… Ⅲ. ①英语 – 教学研究 – 高等学校 Ⅳ. ① H319.3

中国国家版本馆 CIP 数据核字 (2023) 第 140987 号

当代大学英语教学研究

黄贝贝　著

责任编辑	吴化强
责任印制	孙马飞　马　芝
出版发行	中国书籍出版社
地　　址	北京市丰台区三路居路 97 号（邮编 :100073）
电　　话	(010)52257143(总编室)　(010)52257140(发行部)
电子邮箱	eo@ chinabp. com. cn
经　　销	全国新华书店
印　　刷	三河市明华印务有限公司
开　　本	710 毫米 ×1000 毫米　1/ 16
字　　数	228 千字
印　　张	12.75
版　　次	2023 年 9 月第 1 版
印　　次	2023 年 9 月第 1 次印刷
书　　号	ISBN 978-7-5068-9517-0
定　　价	72.00 元

版权所有　翻印必究

前　言

　　现阶段，我国经济全球化的速度明显加快，国际合作的机会越来越多，同时也使得我国的国际地位在世界范围内得到进一步提升。汉语虽然是世界上使用人数最多的一种语言，但是普及范围最广的非英语莫属。英语已经成为国际沟通的一种符号。随着中国经济的飞速发展，与世界各国的交流更加密切，当今社会迫切需要具有较强的英语综合运用能力的人才。当前，我们的大学英语教学已经进入了一个崭新的阶段，我们不仅要从以往的英语教学中吸取有益的教训，又要探索如何更好地贯彻素质教育的精神，还要探究如何同国外外语教学接轨，使我们培养的人才在国际交流中更顺利、更出色地完成任务。教育部、外语学术界及各大高校对此都高度重视，新一轮的大学英语教育教学改革也成为众多教育家和学子的共识。

　　《大学英语》的教学目的在于：培养学生的英语应用能力，增强跨文化交际意识和交际能力，同时发展自主学习能力，提高综合文化素养，满足学生专业学习、国际交流、继续深造、工作就业等方面的需要。为了实现这个目的，我们必须从大学英语教育的实际情况出发，对大学英语教育进行改革。这种改革关系到新一代高素质、高水平的专业人才的培养，对提高国家的综合实力和国际竞争力具有重要意义。同时，它也是高校人才培养与教学改革的一个重要突破口，也是在先进的信息技术下，最有可能改变的传统教学模式，并在此基础上取得重大突破。

　　本书共七章内容。第一章为大学英语教学概述，主要内容包括语言与语言学习环境，英语教学内容、价值、重要性以及英语教学法及其相关学科；第二章为大学英语教学理论，介绍了大学英语教学基础理论和语料库语言与英语教学；第三章为大学英语知识教学，论述了大学英语听力教学、大学英语口语教学、大学英语阅读教学、大学英语写作教学；第四章为当代大学英语教学模式创新，分析了任务型教学模式创新、模块化教学模式创新和多模态英语教学模式创新；第五章为基于微课的大学英语翻转课堂教学模式，主要内容包括翻转课堂教学模式概述、大学英语微课教学的理论依据、基于微课的大学英语翻转课堂教学模式以及基于微课的大学英语翻转课堂教学实践；第六章为当代大学生英语能力的培养，内容包括英语交际能力的培养、自主学习能力的培养、情感能力的培养；第七章为当代大学英语教师的专业发展，介绍了大学英语教师的专业角色与素质和大学英语教师专业发展的创新路径。

  在撰写本书的过程中，作者得到了许多专家学者的帮助和指导，参考了大量的学术文献，在此表示真诚的感谢。由于作者水平有限，书中难免会有疏漏之处，希望广大同行及时指正。

作者
2023 年 1 月

目　录

第一章　大学英语教学概述 ·· 1
　　第一节　语言与语言学习环境 ·· 1
　　第二节　英语教学内容、价值、重要性 ·· 8
　　第三节　英语教学法及其相关学科 ·· 22

第二章　大学英语教学理论 ·· 26
　　第一节　大学英语教学基础理论 ·· 26
　　第二节　语料库语言与英语教学 ·· 40

第三章　大学英语知识教学 ·· 58
　　第一节　大学英语听力教学 ·· 58
　　第二节　大学英语口语教学 ·· 71
　　第三节　大学英语阅读教学 ·· 78
　　第四节　大学英语写作教学 ·· 87

第四章　当代大学英语教学模式创新 ·· 94
　　第一节　任务型教学模式创新 ·· 94
　　第二节　模块化教学模式创新 ·· 103
　　第三节　多模态英语教学模式创新 ·· 113

第五章　基于微课的大学英语翻转课堂教学模式 ……………… 126
第一节　翻转课堂教学模式概述 …………………………… 126
第二节　大学英语微课教学的理论依据 …………………… 131
第三节　基于微课的大学英语翻转课堂教学模式 ………… 139
第四节　基于微课的大学英语翻转课堂教学实践 ………… 145

第六章　当代大学生英语能力的培养 …………………………… 153
第一节　英语交际能力的培养 ……………………………… 153
第二节　自主学习能力的培养 ……………………………… 157
第三节　情感能力的培养 …………………………………… 163

第七章　当代大学英语教师的专业发展 ………………………… 176
第一节　大学英语教师的专业角色与素质 ………………… 176
第二节　大学英语教师专业发展的创新路径 ……………… 185

参考文献 …………………………………………………………… 195

第一章　大学英语教学概述

大学英语教学是我国高等教育的一个重要组成部分，它是在英语教育理论的指导下，将英语知识与技能、跨文化交际、学习策略等有机结合起来，形成一套完整的、综合的教学系统。这一章是对大学英语课程的一个简单介绍，详细介绍了语言与语言学习环境、英语教学内容、价值、重要性以及英语教学法及其相关学科。

第一节　语言与语言学习环境

一、语言概述

（一）语言的特征

语言是人类社会的一种重要的语言现象，也是人类社会发展的必然要求。总的来说，语言具有以下特点：

（1）语言是一种体系，而且是一种具有自己结构的生成体系。这种结构是多层面的，第一个层面是音位（phonemes），第二个层面是音节（syllables），第三个层面是语素（morphemes），第四个层面是词（words），第五个层面是句子（sentences）。语言这个系统储存在人们的大脑之中，并为规则所支配（rule-governed）。这些规则很复杂，也很抽象。人能够根据自己所掌握的语言规律，创造出无穷无尽的句子，并且能够根据这些规律来判断一些句子的真假。

（2）语言是一套具有任意性（arbitrariness）的符号。这些标志既可以是声音标志，也可以是视觉标志。语言的随意性是由语言符号表现出来的一种普遍规律，它与所表现出来的对象没有任何内在的、必然的关系。比如，汉语中称为"狗"的一种四足食肉的动物，在英语中叫作 dog，在法语中叫作 Le chien，在德语中叫作 hund。这是一个武断的例子，我们无法解释它为何被称为武断。但是，使用何种语言符号来表达含义却是一种社会惯例，而这种惯例又受各种社会、文化因素的制约，因此，它始终表现出一种"人文性"的特征。

（3）语言是交流的介质。语言是人们交流的工具，它源于人们的交流需求，并随着人们的运用而发展。语言是人类学习和交流的重要手段。

（4）语言的功能是通过语言社会和语言文化来实现的。语言与文化的联系十分紧密，文化的生成与发展离不开语言，文化的发展又促进了语言的丰富与精炼。在一定程度上，语言也可以被看作是一种文化。

（5）语言是人类的专利。科学家对动物交流的调查显示，尽管有些动物能够用某种方法将相关的信息传递给其同伴，比如，蜜蜂会用跳舞的方式来传达关于蜂蜜来源的讯息；海豚能用不同的光讯号来传达讯息；猩猩也可以理解一些语言的符号。但它们没有类似于人类的交流方式，它们的"交际"方式也不像人类的"交际"方式。可以说语言是人类独有的，人类语言有其自身的神经生理学和社会基础，也有抽象思维的特征和关于参考者的特定信息的传递。从这些来看，人类语言不同于动物语言。

（6）所有人都以大致相同的方式习得语言。语言和语言学具有普遍的特征。如果我们可以把人们描述为聪明、较聪明、不那么聪明等各种类型的话，那么，除了一些有生理或心理障碍的人，其余所有的人都能在儿童阶段以大致相同的方式习得语言。儿童具备学会任何一种语言的能力，只要他们能够接触到周围讲某种语言的人，并与某一种语言环境保持一定的接触，当他们到一定的年龄——五六岁时，就能使用某一语言进行交际。

认识语言的本质和特征，有利于我们探讨英语教学中的问题。对语言不同的看法会使我们在英语教学研究中采取不同的态度和方法。如果我们把语言看成一种任意符号，而这种符号首先是有声的，那么，我们在英语教学中就会强调口语教学，加强听、说方面的训练，我们会"听说领先"；如果我们把语言看作交际工具，我们会以能成功地进行交际作为语言习得的标志，也会在教学中让学生参加各种语言交际活动，使学生在语言交际中学习语言；如果我们相信语言和语言学习具有共同的特征，我们就会去寻找学习者学习语言的共同方法、共同策略，看哪种方法、哪种策略更有利于语言学习。我们会更清楚地看到不同的语言观对语言教学的影响，不同的语言观会直接影响到某种具体方法和教学技能的运用，不同的教学方法都是以不同的语言观和语言学习观为基础的。

（二）语言研究理论

1.语言的内部研究

语言研究发展到现在，如果从当代角度来看，语言学已发展得相当成熟，发展出许多分支。什么叫语言学？语言学是对语言的科学研究。如果从现在这个角度来说，可以分成对语言的内部研究和对语言的外部研究两大板块。语言的内部研究是对语言不同层次的研究，又可以分成语音学、语法学、句法学、语义学、语用学等。

语音学研究的重点是人类发声器官分离的不同声音，尤其是语音。一般来说，语音学包括三个分支：其一声学语音学，主要研究的是语音从说话人到听者的空气中的分布，需要用物理或声学方法对语音波形的频率、幅度等方面进行分析；其二听觉语音学主要考察我们如何通过心理手段感知和识别不同的声音；其三语音学，研究声音器官如何产生语音，以及每个人如何通过自己的声音器官产生自己独特的声音，同时还研究声音的分类和描述。

一门语文的文法就是这个语文文法的总称。不过，不同的学者从不同的角度出发，大致可分为以下几种，在研究方法上，主要有两种：一种是实证文法，另一种是理性文法；就客体的时滞而言，可分为两种类型：一种是跨时段的历时性文法，另一种是同时段的共时文法；根据研究对象的社会目标，可分为指示型文法和描述型文法；就研究者的培养目标而言，其主要分为两类：一类是用于研究的文法，一类是用于教学的文法；根据研究对象的范畴，可分为通用文法和特殊文法。

语法学要研究语法范畴，即语法意义的种类，包括词类、性、数、格以及人称、式、时、体、态等，它们各有不同的语法形式。语法学还要研究语法单位和语法结构。语法分析通常分层次进行，不同的层次有不同的单位。最底层是词素，高一层是由一个或一个以上词素组成的词，再高一层是分句、句子，后三项都由前一个层次的一个或一个以上的单位组成。语段一般作为语用学的单位考虑。每个单位和层次都处于一定的结构中。

句法学研究语言的句子结构。该语言学术语来自希腊语，字义是排列句子根据一种特定的排列词的方式构成的。排列正确的句子被认为是合乎语法的句子，根据一套句法规则构成。句法是一个规则系统，是一个由一套数量有限的抽象规则组成的系统，句子由单词组合而成。而句子的语法性是指句子的合成必须符合本族语者头脑中的语法知识。任何一种语言的句法规则都包含了说话者的头脑中的语言知识系统（称为语言能力）。任何语言的句法规则的数量是有限的，但说话者可以理解和表达的句子的数量是无限的。

语义学又称作词义学，它是一门关于自然语言中词汇语义的学问，也可以说是一门在逻辑形式体系中对符号的阐释的学问。它们的发展趋向是相互融合、相互补充。语义学分别如下：（1）哲学语义学。它是关于自然语言中的语义学问题，其核心问题是"何为意义""词义即词义"的概念，这一概念被称作"指称论"。戴维森等一些哲学家认为，一句话的意思与一句话的真实与否密切相关。这就是所谓的真理理论。L.维特根斯坦不同意"真"的观点，他把词语的"义"看作是词语的"用"，并把这种"用"称为"用"方法。时至今日，人们对什么才是真正的含义仍有争议。（2）历史语义学。语义学家一直以来都很重视语义学的研究，特别是词汇的意义演化。中国、西方学者对语源学、词族学等方面进行了广泛而详尽的研究。（3）结构语义学。在结构主义的影响下，许多语义学家从对连续现象的考察转向对共时性的考察，从研究一个词的语义变化转向研究词与词的语义关系。（4）生成语法学派语义学。语义学的目的是对人类的语义学进行描述与解释；同时，它还阐述了每一句话的意思。（5）孟德斯鸠语义学。认为理解一句话的语句，就是要理解这句话是否满足"真"的条件，并能准确地反映现实生活中的事物。

语言学在国外，特别是在英语国家的发展上大体是遵循符号学的这三个方面进行的。首先，结构主义语言学，特别是它的描写学派，力求把研究的范围仅仅局限在语言单位间的形式关系方面，有意地尽量不涉及意义，"把意义排除在外"。但是，到了 20 世纪 60 年代中期，这种方法已日益途穷，无法充分、全面地分析语言事实并转换生成语法，这些国家的语言学就又回到了语义问题上来。起初是一般的涉及，后来语义分析日趋详尽，因此，不仅在词汇领域，而且在句法领域，语义研究均跃居领先地位。然而，转换生成语法的语义成分仍不能满足语言研究，特别是语言功能研究的全部需要。在转换生成语法的语义学理论中，语句是跟虚拟的、抽象的语言使用者发生联系的，而现实中运用语言的人及其感情、相互关系、意图、目的等则被排斥在分析之外。人们开始认识到，为了充分地阐述语言现象，包括语言的结构及其在言语中的使用特征，必须考虑语言形式在功能方面的种种因素，这就促使人们把注意力投向语用学。自 20 世纪 70 年代初以来，"语用学"这个词及其相关概念在各流派的著作中越来越多地被人们所熟知。

2. 语言的外部研究

前面的几个分支基本上是语言内部的层次，研究不同的层次并形成了不同的语言学派。从语言与外部的关系来看，语言研究可分为心理语言学、社会语言学、神经语言学等。

心理语言学是一个探讨语言活动的心理过程的学科，涉及人们如何获得和使用语言系统，如何使语言系统在实际交流中发挥作用，以及获取并运用本系统所需的知识与能力。从信息处理的角度来说，心理语言学主要关注个人语言交流中的编码与解码过程。

心理语言学有两个主要的研究领域：行为主义和认知心理学。20 世纪 50 年代，心理语言学主要受到行为主义心理学和描述性语言学的影响，这时，人们开始用行为主义来对这种心理语言现象进行解释。他们相信语言就像一切其他的人类活动一样，也是对关系的刺激、形成、实现和改变的反映，是通过强化获得的。斯金纳提到了解释语言意义的中间过程，他强调行为主义学习理论能够解释这一行为，他的心理学研究方向在很大程度上受到现代语言理论的影响，尤其是在乔姆斯基的生成转换语法出现之后，对行为主义语言学习理论的心理攻击越来越多，认为行为主义无法解释言语活动中的许多现象。米勒是一位心理学家，他将产生式转化语法应用于语言的研究，他相信，一个人所拥有的并不是像音素、单词、句子那样的单独的要素，而是一系列的规则体系。所以，语言活动不仅仅是一种对外界刺激的响应，更多的是一种控制，一种创造。同时，他们也主张，精神语言学的研究重心，并不在于人类各类语言之间的差异性，而在于其内在的普遍性，以及这种普遍性是怎样转化成一种特定语言的。在20世纪60年代以后，这一研究领域逐渐形成了一种主流的研究趋势。近几年来，许多心理学家对心理语言问题提出了新的看法，但这些看法都是从认知心理学角度出发的。

社会语言学作为一门边缘学科，最早于20世纪60年代出现在美国。这是一门运用语言学、社会学以及其他学科的理论与方法，从社会学的视角，对语言的社会性质及其区别进行考察的学科。对于这一概念，学界存在着诸多分歧。

有的学者认为，此研究应以语言为重点，结合社会因素研究语言的变异；有的学者认为，研究重点是语言的社会学，要研究语言和社会的各种关系，使用语言学的材料来描写和解释社会行为。在社会语言学研究语言变异中。涵盖了七个方面：说话人的社会身份、听者的身份、会话场景、社会方言的历史和同步研究、流行语言学、语言变异程度和社会语言学的应用。该观点涵盖了语言的语境、历史和同步方面，重点是"语言变异"，而社会语言学本身就是以变异为基础的。

菲什曼将社会语言学领域分为宏观和微观两个方面：微观社会语言学从语言入手，考察了社会方言、语言变异，考察了社会因素对语言构成的作用；从社会角度来看，宏观社会语言学对社区组织展开了研究。

二、教与学的关系

英语教学法研究英语的教与学，弄清学习的特征，厘清什么是教，对研究英语的教与学是必要的。明确教授与学习的特征，我们在研究英语教学法时，才会有正确的出发点，明确的前进方向，这样，我们才可以取得显著的效果。

按照布朗的提法，学习有如下特征：

（1）学习是习得（acquisition）或获得；

（2）学习是信息或技能的保持；对信息或技能的保持包含记忆、储存和认识结构的作用；

（3）学习涉及对有机体内部或外部事件积极、有意识地注意和对这些事件施加作用；

（4）学习是相对持久的，但也会遗忘；

（5）学习涉及某种形式的训练，或许是强化训练；

（6）学习是行为的变化。

这些特征有些说明了学习的过程，有些说明了学习的结果。在学习过程中，我们会对某些事物特别注意，尽量去了解，并做出反应和行动；我们会把有关的信息想方设法地记忆下来并储存在大脑之中。这样一来，我们的认知结构也会随之发生变化，我们为了保持有关的知识和信息，还会进行不同形式的操练。作为学习的结果，行为的变化和知识、技能的获得都表现得很具体。我们不能离开学习去讨论教授。可以说，教授其目标就是要引导并推动学习，让学习更加轻松，为学习的顺利进行创造一个良好的条件，并为学习过程提供各种各样的协助，最终实现使学习者能够学到相关的知识和技能的目标。因此，"教"无时无刻不与"学"联系在一起。语言学习的理论直接影响着语言教学理论的建立，也影响着教学方法的采用。从这个意义上来说，语言学习理论和语言理论一样都对教学方法具有直接的影响。

三、母语、第二语言和外语的学习环境

英语在不同的国家起着不同的作用。在一些国家，英语是母语或第一语言。如美国、加拿大、澳大利亚、新西兰、巴巴多斯、牙买加、特立尼达等。英语在这些国家的地位就像汉语在中国的地位一样。虽然英语在讲英语的国家里是母语，但是在不同的地区和国家，英语的发音是不尽相同的。除此之外，还存在词汇和语法上的区别。如果把这些有地理特点的英语称为英语的方言，那么英语方言的差别就没有汉语方言之间的差别那么大（特别是口语方面）。

尽管英语在一些国家和地区不是母语，但它是一种官方语言。它是法律界、政府机构、学校、商界和大众媒体（广播、电视和报纸）的主要语言。在这些国家和地区中，英语是第二语言，比如南非、印度、新加坡和尼日利亚等国家。对

于生活在英国和美国等英语国家的移民来说，英语也是他们的第二语言。

虽然在许多国家，英语并不是他们的第一或第二语言，但是，英语还是有其作用的，因为它是一种外来的语言。在这些国家，英语被列入了学校的教学大纲，并被列入了高中入学考试。英语在我们国家是一种外国语言，虽然英语在许多国家都是作为一门外语使用的，但是，因为许多国际会议都是用英语进行的，所以，许多书籍和杂志都是用英语出版的，现在，在些国家中，也有相当多的人正在用功学英语。学习英语，熟练地运用英语，对学生进行对外交流，获得来自外界的各种信息都有很大帮助。

明确英语的地位对于英语教学来说是重要的。在我们的英语教学中，最好先教授某一种英语的发音，并以此为基础对其他方言的发音进行描述。这样，能使学习者更好地掌握英语的发音，掌握英语发音的特点，在日常与英、美、澳等国人士接触时，能明白对方的语言，进而成功地进行交际。再者，我们也应懂得，英语在我国是外语，教授外语的环境与教授母语和第二语言的环境有着很大的差别。作为外语教学，除了在课堂里接触英语外，在其他场合接触英语的机会并不多。从学习母语的经验中我们得知，语言环境对语言学习是很重要的。因此，我们应尽可能地为学习者创造良好的英语学习环境，从而促进其语言学习能力的全面提升。

第二节　英语教学内容、价值、重要性

一、英语教学内容

（一）语言知识教学

1. 语音教学

《大学英语课程要求》对非英语专业学生在语音方面应达到的目标并未作出很细致的规定，只是在口语表达能力中笼统地提到"语音、语调基本正确"。实际上，在《全日制义务教育普通高级中学英语课程标准》（即"新课标"）中，二

级的标准是"语音清楚，语调自然"，五级的标准是"了解英语语音包括发音、重音、连读、语调、节奏等内容；在日常生活会话中做到语音、语调基本正确、自然、流畅；根据重音和语调的变化理解和表达不同的意图和态度"，八级的标准是"在实际交际中逐步做到语音、语调自然、得体、流畅；根据语音、语调了解和表达隐含的意图和态度；了解诗歌中的节奏和韵律"。按照这个要求，对于语音、语调的训练应该在中学阶段完成，在大学阶段不必再包括这方面的训练。而在实际中，绝大多数学校的新生达不到这个要求，需要花一定时间进行基本发音和语调教学。

英语语音教学一般包括整个英语语音系统，它可分为：发音知识、单音、字母、音标、语流、语调等几个方面。

发音知识主要指有关发音与发音器官间的关系的知识，如口形、唇形、舌位、唇和舌的运动轨迹、肌肉的紧张或松弛状态、气流的通道、口腔、腭、声带的振动、声音的长度，等等。适度地教授学生英语发音知识，有助于帮助学生建立起对英语语音系统的管理性认识，为其之后的学习打下基础。

2. 单音教学

单音教学主要是指元音和辅音的教学。元音教学要区分前元音与后元音、单元音与双元音、短元音与长元音等；辅音又包括清辅音、浊辅音、鼻辅音、摩擦音、爆破音等。字母教学通常与音标教学相结合，英语字母与音标容易混淆。因此，它们之间的区分和比较尤显重要。特别要注重区分英语字母表、字母的名称、字母的读音、元音字母表、辅音字母表、字母拼读；音标包括元音分类表、辅音分类表、重音、次重音等。音标是记录音素的书面符号，看到音标就可以联想起某个相应的音，它的作用相当于对声音的提示。为方便英语发音教学，现在我国的英语课本和英汉词典多采用了国际音标，用48个音标标注英语的48个音素，一个音素用一个音标表示。这样，语音教学就方便多了。英语中很多单词的拼读不规则，学生在遇到新单词时，可以在字典上查到音标，然后，读出该词正确的音。当听到一个生单词时，可以用音标迅速记下它的发音，以便之后查询。音标还可以用来教授语音的其他技巧，如连读、弱读等，通过视觉和听觉两个渠道的沟通，加深对语音的把握。对于缺少语言环境的英语教学来说，音标教学应该得到应有的重视。

3. 语流教学

语流教学包括重音教学、节奏教学、语调教学等。重音中的单词重音和句子重音两者都很重要。重音教学的受重视程度远不如音素教学。很多教师认为重音上出现的问题不会对教学形成太大的影响。可是，很多学生在读单词时常常出现读音对而重音位置不对的现象。因此，在教单词时一定要强调重音，把这一属性作为单词的一部分。

（1）句子的重音教学

用英语交流时，我们要注意句子中哪个词要重读，哪个词不重读。重读的词用以给听者传达信息，不重读的词用以把这些信息连在一起。如果在用英语交流时每个单词都重读，那么就会使听者听不懂意思，因为想传达的信息太多了（他们习惯了听重读的部分）。除此之外，这样的表达会让听者觉得说者可能生气了，或不太耐烦，或不友好（他们在生气不耐烦的时候才会把每个词都重读）。

（2）句子的节奏教学

节奏教学首先应该与压力和休息联系起来。我们应该知道，在汉语中，如果一个句子中有很多单词，说话就需要更长的时间；而用英语说一句话所需的时间取决于口音的数量。两种重音之间的间隔被称为重音间隔，无论它们之间有多少单词，所用的时间都差不多。在节奏教学中，教师可以利用节奏时间鼓励学生像唱歌一样练习。无论节奏中有多少单词，他们都必须在这段时间内停止唱歌。比如：

English is interesting.

The English book is interesting.

The English book is very interesting.

（3）句子的语调教学

说话声音的起伏波动成为语调，即声音的高低或波动。不同语调的单词有不同的含义，所以使用不同的语调可以产生不一样的表达结果。英语句子通常有两种主要的语调：上升和下降。升调有着不确定和不完整的表达含义，而降调表示肯定和完整的意思。还有四种不同的高度的音调：超强、强、中、弱。上升和下降通常用箭头标记。由于汉语的语气落在每个字上，所以句子的语气比较随意，一般来说,汉语经常使用降调,而不考虑句子结构,这导致学生养成了学习英语的习惯,导致语言流平淡、无聊、无味。对于这种情况,我们应该将其作为培训项目的一个重点。掌握语调运用技巧不仅可以使说话人的声音更加优美,而且有助于更有效地表达说话人的情绪、态度和目标。英语发音教学内容与英语语法和词汇教学内容不同,具有明显的特点。由于发音的明显性,学生的发音只能由母语为英语的学生来评价,这给评价发音教学带来了很大的困难。中国学生读起英语来一般都比较刺耳,缺乏审美吸引力,这与中国英语教学评估体系中缺乏发音评估直接相关。尤其是在高考体系中,没有英语发音评估,这非常不利于中国的英语发音教学。为了促进中国英语发音教学的发展,需要对发音评估体系进行彻底改革。此外,由于发音的明显性质,学生一开口就知道教师发音教学的效果,发音教学的所有问题都能显现出来。

4. 语音教学的方法

大学英语的教学模式通常采用大班制,这种模式给老师的教学方法带来了很大的挑战,但可以从下面几个方面加以改进。

(1)将语音语调融入大学英语教学的全过程

在新生的第一学期,老师对发音和语调的知识进行大体的介绍和解释。因为大学英语课通常是四个小时,时间太短,教师通过课外模式将语音和语调知识分成几个部分,分批教授给学生,使之成为大学英语课堂的一部分。或者教师利用较少的课堂时间带领学生组织巩固任务,使学生能够系统地掌握和巩固发音语调相关知识,并且在任何时候都能把语音的训练融入课堂中。

(2)灵活运用多媒体教学

根据听力和口语目标的现行要求,学生应尽可能接触真实自然的语言环境,以适应英语的发音和语调。甚至可以使用多媒体教学方法,添加有趣的电影对话、语言编排、英语歌曲等内容,让学生在老师的指导下在课上和课后进行模仿,老师可以进行模仿测试。同时,可以辅以英汉语音的比较教学,使学生能够更好地利用现有的母语知识学习英语语音。

(3)开设英语语音选修课

为了解决学生英语水平参差不齐的问题,学校可开设不同等级的语音选修课。

该课程是在学生已有的英语知识和能力（尤其是学生已有的英语口语能力）基础上开设的，课程的主要内容通常是基于发音基本方法和规则的讲解以及大量的模仿和练习。因此，它是一种补偿性的课程。在有限的教学时间中，不可能也没有必要做到面面俱到，只需要针对学生英语语音方面的弱点来进行有针对性的组织教学。

（4）努力培养学生的自主学习能力

由于教师在有限的课堂上提供适当的辅导无法取代学生的实际活动和培训，因此有必要培养学生的自学能力，有效利用现有的在线自学平台，建立合作机制，使学生有意识、积极地参与语音语调训练和课后听力言语训练。

（二）词汇教学

《大学英语课程教学要求》对词汇量的要求为：一般要求的英语能力推荐词汇量应达到4795个单词和700个词组（包括中学应掌握的词汇）。其中，正面词2000个，是指那些需要在认识的基础上，在口语和写作中都能很好地使用的词汇；较高要求的英语能力对词汇的需求是：词汇6395个，短语1200个，正面词2200个；更高要求的英语能力对词汇量的要求则是7675字，短语1870字，正面词2360字。

1. 词汇教学所出现的问题

我国传统英语教学把语言教学分为语法教学和词汇教学。课上，教师花费了大量的时间讲解词汇；课下，学生把大部分时间用在背单词上。虽然这种方法不符合当今的教学理念，但大多数学生还是延续了"学英语就是背单词"的习惯。那么，为什么多数语言研究者还是认为学生的词汇量不足呢？问题主要体现以下两个方面：

（1）教师方面

首先，在词汇教学方面，老师们有一种错误的想法，那就是单词的记忆应该由学生们自己来完成，在讲授课文时，更多重视句子和篇章的讲解，即便是利用课堂时间讲授单词，也只是停留在单词的读音、基本用法等表层上，对词源缺乏系统的介绍，也往往不会比较其文化内涵同母语的区别。教师也没有帮助学生逐渐找到对自己的行之有效的记忆单词的方法。教学实践证明，教师要在上下文中进行教学，这样才不会让学生感到单词仅仅是一串没有联系的符号，学习起来过于枯燥无味，而且很难记住，还能使学生产生厌学的情绪。其次，教师在讲解词汇的同时要重视文化教学。因为文化辨析是词汇教学的一个重要组成部分。英汉两种语言在文化内涵上存在着相似性和差异性。所以，不同的文化背景，会对语言习得产生直接的影响，有时还会产生理解障碍。

（2）学生方面

当代大学生都认识到了词汇学习的重要性，也非常重视学习词汇，所以花了很多时间记住词汇。但是因为方法不正确，结果往往不令人满意。作者经常遇到学生抱怨他们花了很多时间和精力学习词汇。有些人花在记忆英语词汇上的时间甚至比他们自己主动学的还要多。他们每天都背那些词汇。如果他们的记忆不准确或错误，他们都归结于他们记忆力差或努力不足。再者，学生在记忆单词时往往只单纯地记忆词汇表，不留意单词出现的上下文语境。他们只记住单词的一个或两个中文意思，不知道其固定搭配、习惯用语和常用表达方式，结果导致只能读懂文章，而在写作或口语中不知道用哪个词更准确、更地道。应该知道，字典或词典中对单词和短语的解释是死板的，但语言的使用是随机的，死记硬背的记忆会导致严重的误解。字典不是最重要的东西，关键在于上下文。可以说，这些单词本身并没有太大的实际意义，而且无论死记硬背记忆的词汇量有多大，都无法提高外语技能。因此，学生必须掌握有效的词汇习得方法。例如，不要只关注学习词汇发音、拼写和基本含义，而是准确理解与单词相关的上下文和关联含义，包括内涵含义、文体含义、情感含义和搭配。也不要死记硬背词汇表，要向词汇知识的深度和广度发展，从而彻底解决"背—忘—背—忘"的过程，以保持学生的学习热情。

2. 词汇教学的方法

根据词汇习得和词汇教学研究的成果，结合二语习得的理论，我们提出下面一些词汇教学可操作性的策略，供准教师和教师们参考。当然作为教学一线的教师，还可以根据相关的理论与自己的教学实际经验提出更符合实际词汇教学的策略。

在英语词汇的学习过程中，采用好的学习策略不仅可以使学生养成积极主动的学习态度，而且还可以使他们从主动的状态中获得更多的词汇。在二语词汇习得的研究中，人们将词汇的学习风格划分为两种，一种是直接的，一种是间接的。

直接学习指学生通过阅读、听力、写作等方式，使学生能够更好地掌握英语词汇。而词汇的直接学习则需要学生不但要掌握单词的含义，而且要掌握单词的更深层的知识，例如单词的含义、词法、句法和搭配等。在实践中，学生的词汇习得呈现出由"认识"到"应用"的缓慢发展，学生不但能"认识"，而且能正确灵活地运用；通过阅读、听力、口语等，间接地提高学生的词汇量。为了提高英语学习者对单词的正确理解与运用，教师应引导学生在交流中进行词汇学习，也就是采用"间接"的方式进行词汇学习。尤其是英语水平越高，他们的猜词能力越强，英语单字的间接习得就越多，例如通过阅读和观看电影等方式，可以间接地习得单字。但这种学习方式只适合高频词汇的习得。但就词汇习得来说，要注意加强对词汇信息的输入。现在的语言输入方式比过去多了很多，不仅有书籍，也有电影、电视、网络等媒介。这些现代科技手段提高了学习者学习的积极性，同时还能有效地提高教学内容的针对性，使教师的教学方式、教学手段和教学方法得到了很大的改善。对词汇学习具有积极影响。不论用哪种学习方式习得词汇，都应从以下几个方面来开展。

（1）利用语言输出活动学习词汇

说和写都是语言输出活动。根据斯温纳的语言输出假设语言产生（语言输出或称说和写）在某种情况下构成二语学习的过程，有促进二语（外语）习得的作用。通过说和写，我们不但能练习词汇的发音、拼写及使用时要注意的规律，而且可以明确我们是否能正确使用词汇，使用时会出现哪些问题，词汇的哪一部分问题我们还未能掌握。要想认识到聚焦意义的说和写活动对词汇习得的作用，我们就应在课堂教学或课外练习中多让学生练习说和写。说和写的活动形式已在相关章节中具体论述，这里不再重复。我们想要强调的是，可在说和写的任务中要求学生使用某些词汇、短语、固定搭配和一定的句式，以使他们更加熟练地掌握词汇的形式、意义和用法。

（2）培养学生词汇学习的策略

在语言学习的过程中，要培养学生学习词汇的策略。不管我们是使用间接的方法还是直接的方法学习词汇，即附带学习或有意学习词汇，我们都要使用一定的学习策略。策略本身并无好和不好之分，只要在一定的情景下使用恰当，能有效果，都可算为好的策略。

（3）使用词块法学习词汇

运用合成词、衍生词等对词汇进行归纳和记忆。能按照所学的词汇构造方法和特点，去猜测、判断和记忆单词，从而让单词的记忆变得更加容易。所以，在进行词汇教学的过程中，老师们应该重视这一点，从而提高学生的自我探究、自我发现、自我总结的能力，对学生的单词记忆进行训练。例如：sad（adj）–sadness（n）。要让多数学生都能参与其中，举出更多例子，如：ill–illness，sick–sickness，dark–darkness 等。用这种方法进行词汇教学，既能培养学生良好的思维能力，又能为他们今后的学习奠定良好的基础。

3. 语法教学

语法是语言的框架，赋予语言以结构形式。它是对一种语言存在规律与无规律的一种概括性的描写，是一种词语形态变化规律与词语组合规律的总称。在英语教学中，语法教学能帮助学生更好地理解目的语言的文法规则、句法结构、规范语言的使用，并具有一定的逻辑性。我们在学习一门语言的时候，总是要遵循文法的原则，所以有了良好的方法，才能更快、更准确地开展各种语言教学活动。在大学语法教学中，因为很多语法知识是学生们在中学阶段就已经掌握的，所以一再地反复、冗余复述是毫无意义的，学生必然形成被动、消极的态度。这就要求教师在教学中应当根据学生的具体情况，采用灵活多样的教学方法，以激发他们的积极主动性，使他们对英语语法形成全面、系统的认识，并能对语法现象作出正确、合理地分析，最终提高他们的英语学习水平和实际运用能力。

（1）语法教学的原则

在语法教学中，要遵循一定的原则，把学生放在核心位置上，采用灵活多变的教学方式，进行精讲、多练习，这样不仅可以让学生在运用语言的过程中，对语法知识进行全面、系统地掌握，还可以让他们的语言综合运用能力得到提升，还可以培养他们的交际能力。因此，在英语文法的教学中，我们到底要遵循怎样的教学原则？

①英汉对比原则

我们的英语语法在一定程度上会受汉语的影响，但是英语与汉语之间存在着较大的差异。一般而言英语以长句为主，而汉语以短句为主；英语强调的是结构，而汉语则强调的是"意义"。为此，在英语文法教学中，应根据这种特征，运用比较法，培养学生对英语与汉语的敏感度，增强汉语在英语中的正向迁移效应，降低负向迁移效应，加快英语的学习速度，提高英语的学习效果。

②循序渐进原则

无论何种教学的开展，我们都要遵循这一原则，因为它符合我们认识事物和接受事物的规律。所以，在英语语法教学中，我们也应充分了解和掌握语法，在进行语法教学设计时，要根据不同水平的学生的不同教学要求，制订不同的教学内容，采取不同的教学措施。

③交际性原则

语言是为交际服务的，真正的语言能力是在交际活动中培养出来的，因此，在语法教学中，应体现出交际的功能。所以语法不应该在孤立的句子中进行，而应在真实的交际活动之中再现。教师在教学过程中，应以教学内容为中心，创设真实情境，让学生在贴近生活实际的语言材料中感知、理解和学习语言，在语言交际实践中，熟悉语言结构，发展言语技能，培养交际能力。

④实用性原则

实用性原则是指语法教学应以服务于实际应用为出发点，不求面面俱到，但应重点突出。这就要求教师在语法教学时详略得当、有主有次地开展，对于如定语从句、语态、虚拟语气等常用语法，应结合课文和练习进行系统讲解和反复操练。

⑤多样性原则

语法教学要改变其在学生心目中的形象，方法之一就是要注意多样性。多样性包括活动的多样性、话题的多样性、课堂组织的多样性、评价的多样性以及教师指令的多样性。这样可以激发学生的学习兴趣，使原本枯燥的语法教学变得生动有趣。

（2）把语法知识贯穿在教学活动中

语法教学是非常有必要的，但并不是说一定要专门给学生开设语法课程，而是可以把语法教学融于整个英语教学之中。所以，语法作为英语的一部分，可以与听、说、读、写、译能力培养相结合，我们可以根据英语各方面技能训练的方式来强化学生英语语法的学习。现代语法教学并不强调重复的机械练习，而是强调引导学生理解和应用某些语法结构。因此，利用现有的学习资源，将语法教学与阅读、写作、听力和口语教学相结合是完全可行的。然而，在设计教学活动时，教师应该清楚地知道学生在高中学习了哪些语法内容，学习的深度和广度有多深多广，哪些内容需要深化，哪些方面需要改进。例如，在使用虚拟语气时，学生们已经熟悉了高中时虚拟语气的规则。因此，在大学教授语法时，教授虚拟语气不仅应该停留在形式层面，还应该上升到应用层面：使用虚拟语气向他人推荐可以使语气更加委婉，这比使用祈使句语气要好。使用虚拟语气来拒绝他人可以为他们挽回更多的面子。虚拟语气的使用可以使表达生动有趣，如，Nobody could save her even though HuaTuo should come here.（即使华佗再世也无法救她。）既指明了不可能存在的条件，也指出了不可能出现的结果。

教师还可以围绕某些形式的语法形成口语活动，并参与与社会现实相关的交流活动，以培养学生在现实语言环境中使用英语的综合能力。有多种方式可以参与角色扮演、讨论、演讲和自由讨论，以把文法知识转换成灵活的语言表达方式。老师也会给你编一些关于故事的具体情景，以及与之有关的表达法。这种教学方法不仅可以活跃课堂教学气氛，调动学生学习的积极性，而且有助于提升教学质量，提高学生学习效率。

二、英语教学的价值

英语教学的价值主要体现在英语课程的价值方面。英语教学就是让学生逐渐掌握英语知识与技巧，并在教学中不断发展，不断提高自己的语言应用能力。语言作为文化的组成部分和载体。英语语言表现出独特的文化特征，如语言思维模式、价值观念、生活方式等，而这种特征又决定了英语语言所具有的语言特征，从而决定了语言的修辞策略以及语言的语义。在英语教学过程中，尽管所教授的都是有关语言的知识点，但由于语言的文化性，学生学习英语的同时也是学习英语文化，学习英语的过程就是理解和传播其文化的过程。所以说，英语教育其实就是一种文化教育，而英语教育的首要任务就是指导学生在学习过程中去理解文化。

（一）英语和英语教育的作用和地位

世界上不同的语言有着不同的作用和地位。语言的作用和地位受多种因素的影响。有的语言只在某一国家或地区作为母语使用，但是，有的语言比如英语，不但在本国被作为母语使用，而且被其他许多国家当作第二语言或外语使用。

目前，英语是世界上使用最广泛的一门语言。另外，把英语当作第二语言（简称"二语"）和外语使用的人数甚至超过了以英语为本族语者的人数。在中国，英语被视为外语。但是严格来说，如果外语是外国语的简称，今天的英语并不是外语，因为它并不是某一个或几个外国的语言。英语有许多种类，包括英国英语、美国英语、加拿大英语、澳大利亚英语、新西兰英语、印度英语、新加坡英语、马来西亚英语、南非英语，等等，这些带国名的英语都可以说是外国语。但是，当我们不管地域区别，单说"英语"时，这种英语不属于任何一个国家，它是一个含有多个变体的语言集合体。由于当今世界许多地方都有相当多的人使用这一语言集合体的某种变体，因此，英语现在实际上是一种国际通用语（lingua franca 或 language of wider communication）①。霍瓦特（Horvat）认为，英语的地位已经发生了急剧的变化，英语在全球化过程中既是原因又是结果。

把英语看作一种外语，就如同几个世纪前说拉丁文是一种外文。今天，英语已经通过各种渠道进入中国，成为中国人每天都不得不面对的现实，成为语言生活的重要内容。对于近几十年受过高等教育的几乎所有人来说，英语是他们可以在不同程度上使用的第二语言；对于每个人来说，英语是他们每天可以接触到的第二语言。CD、DV、DVD、DNA、CDP、PK，这些英语词人们每天不知听到或看到多少次；bye-bye, cool, OK, sorry, thank you, wow yeah, 这些英语词语

---

① 陈国华. 重新认识英语和英语教育的地位[J]. 外语教学与研究，2010（4）：291-293.

已经融入无数人的日常用语中；从北京、上海、广州等大城市和旅游城市的双语路牌，到旅游景点和涉外宾馆的英文介绍和服务；从无数产品包装上的英文译文，到不少学术刊物上所发文章附带的英文题目和摘要；从各种英文书籍和报刊，到英语广播和电视频道；从地铁里到飞机上，英语的身影和声音在我国大江南北随处可见。

（二）英语在国民义务教育中的地位

在过去的30多年中，英语在中国取得了前所未有的重要地位。随着中国在经济、政治、文化、教育、军事、外交等国际事务中扮演着越来越重要的角色，越来越多的中国人投身到国际事务当中，他们对英语作为国际通用语的价值的认识，不论是从个人还是从国家的角度来说，英语都是通向未来的桥梁；英语是国际化的原因和结果。因此，英语教育也受到了空前的重视。

教育部2001年秋季颁布的《义务教育阶段英语课程标准（实验稿）》确立了英语课程在我国国民义务教育中的地位——英语是一门国家课程。全国各地从小学三年级开始开设小学英语课程，英语正式成为国民义务教育阶段的一门法定课程。为什么把英语定为义务教育的一门课程呢？国民义务教育的一个重要原则是教育内容应当对每个人都有用。如果英语仅是一种外国语，就像德语、罗马尼亚语、日语一样，那么，它就不是对每个人都有用，只要外国语学校或高校的外语学院或外语系开设就行了。国家没有必要像现在这样，把英语教育作为国民义务教育的一个组成部分，要求每一个受教育的人都必须学习英语。现在的问题是，英语是否对每个受教育的中国人都有用？国民义务教育内容中的"有用"，并不一定是有实际用处。例如，音乐就没有什么实际用处，但是音乐是人类精神生活的一个重要方面，它有抒情的功能，抒情也是一种"有用"。英语成为我国国民义务教育的组成部分，其假设前提就是它对每个人都有用。英语目前是国人与外国人交流的主要工具，以广州进出口商品交易会（简称"广交会"）为例，在广交会上，人们用英语跟英、美客商交流，碰到法国、日本客商而不会讲法语、日语时，也可以用英语来交流。因此，与外国人进行某种直接交流的人，都应该掌握一定程度的英语。这种直接交流既可以是人与人之间的交流，也可以是阅读外国文学作品原作时，读者与作品和作者的交流。目前，并不是每个人都需要与外国人进行某种直接交流，但全球化和现代化是一个持续不断的进程，大多数人最终都有可能直接与外国人进行某种交流，国家教育政策的制订者把英语作为国民教育的一项基本内容以及把英语能力作为学生的一种基本素质来培养是有一定的依据的。

高等教育的各学科都要与国际学术接轨，只要接受高等教育，就必须学习英语。至于完成学业步入社会之后从事什么工作，这些工作实际使用多少英语，那是另外一个问题。一个人的职业选择受到许多因素的制约，这些因素在很大程度上与学校教育和学术无关。既然高等教育现在要求人人学英语，为高等教育输送人才的基础教育也就必须开设英语课程。不可否认，一个人学习语言（包括外语）的最佳时机不是上大学时的青年时期，而是在青春期之前的青春期，即小学和初中阶段。①

三、英语教学的重要性

（一）英语是当今世界上主要的国际通用语言之一

英语现在已经成为一种重要的国际性语言，并且在全球范围内得到了最广泛的应用。会说英语的国家包括英国、美国、加拿大、澳大利亚、新西兰等等。世界上有大约20个国家把英语当作正式的或者第二语言的，大约有8亿人。这意味着世界上几乎五分之一的人能在某种程度上理解英语。如果我们加上来自世界各地学习英语的中小学生的数量，那么就有更多的人正在学习英语。例如，在日本，英语是他们除了母语之外的第二语言。

（二）英语的使用范围非常广泛

世界上75%的电视节目是英语的，四分之三的文件是用英语写的，电脑键盘是用英语的。如果一个会议被称为国际会议，其工作语言必须是英语，英语也是联合国的官方工作语言。外贸部把英语看作是一种通用语言，外贸交易、国际标签、信件和电报、进出口单据和银行单据都使用英语作为通用语言。大多数国家

① 陈国华. 重新认识英语和英语教育的地位[J]. 外语教学与研究，2010（4）：291-293.

高等教育机构和大学开设英语语言为文学领域的主要学科。计算机和互联网是以英语为基础的，而这个行业的语言是英语。此外，医学、建筑和文学领域都与英语密切相关。

（三）国家发展和国际合作需要英语

近几十年来，中国的实力确实发生了巨大的提升，各方面都得到了快速发展。然而，我们在许多技术层面落后于西方发达国家是不容置疑的。要在相对较短的时间内发展、进步和掌握不同的技术，我们不能简单地依靠我们的研究。我们需要学习发达国家的先进技术，学习的前提是掌握世界上通用的技术交流语言——英语。以计算机程序的开发为例，尽管目前的计算机操作系统已经有了中文版本，但由于程序是用英语编写的，因此开发应用程序需要学习英语。大多数高科技材料也是用英语写的。尽管印度的发展在许多方面不如中国先进，但其程序开发行业要发达得多。这种发达的一个重要原因是，印度程序员通常比中国程序员拥有更高的英语应用技能。

我们既要借鉴国外的先进技术和经验，又要与国际上的其他国家开展各种技术和经济合作。不会英语的人，根本不可能和对方进行交流，更别说是合作了。比方说，一家企业研制出一种具有国际水平的新产品，只要开拓到国外，就会有很好的发展前景。但是，由于公司员工不会说英语，不能和外国顾客交流，也不能向他们介绍自己的产品，所以，他们的产品在世界范围内的销售就成了一场空。对学生而言，学好英语有以下益处：第一，自幼就打好英语的听、说、读、写能力基础，这对于将来在有关的公司里解决英语的复杂难题有很大的帮助。第二，在我们毕业后，如果能在英语领域找到一份好的工作，那么我们的就业机会就会大大增加。第三，在一些重点院校，以及与海外有良好合作关系的院校中，英语水平较高的同学，将有机会进入交换项目。第四，英语是中、高考的必修课，它的分数会对学生能否在全班、全年级中占有优势，考上名校有很大的影响。第五，就算是偏科的学生，只要在英语方面有特长，在翻译方面有特长，在未来，就算考不上大学，也能得到社会的普遍认可，例如，翻译、口译、英语老师、幼儿园教师、外贸行业等等。第六，语言能力强的学生具有较高的右脑IQ、较强的反应能力、较快的交流能力和较强的表现力。在一个充满竞争的社会里，有更多的有利条件和更多的机遇。第七，以后你要出国留学，就不需要花太多的时间和金钱，也不需要花太多的时间和精力，只需要一条通往国外的捷径，就能得到更好的教育，收获意想不到的效果。

第三节　英语教学法及其相关学科

英语教学法与教育学、语言学、心理学等学科有着密切的联系，这些学科被称为它的相关学科。英语教学法在它的发展过程中，不断从其相关学科中吸收自己所需要的养分，应用相关学科的研究成果来充实自己。可以说，英语教学法的发展与它的相关学科的发展是紧密相连的。

一、英语教学法和教育学

教育学是解释教育知识、研究教育现象、探究问题、揭示教育规律的学科。英语教育是一种教育科学，其理论、原则和方法在英语教育中起着举足轻重的作用。在讨论英语教学法时，我们可以将教育理论应用于几个实践问题。

教育目标、教育政策和培训目标对英语学习有宏观影响，对英语课程的增加、扩展、目的和需求是有影响力的。在教育中，教育必须适应社会发展和学生发展的需要，这将有助于我们更好地了解历史上不同的学习方法是如何因社会需求而演变的。同时，它还有助于教师依据学生的年龄、身心发展特征，选择合适的教学内容和方式。教育学中所论述的教学原则也可以用来设计课堂活动，具体有：科学性和思想性统一的原则、理论联系实际的原则、直观性原则、启发性原则、循序渐进原则、因材施教原则等。

在英语教学中，"以师为本，以人为本"的理念，指导我们正确处理师生关系，摆正师生关系，树立良好的师生关系，促进师生和谐发展。在英语教学中运用以上几条原则，构建尊师爱生、民主平等的师生关系，积极营造一个好的语言氛围，激发学生的学习热情，促进英语教学的发展。

《现代教育学》一书中关于"课外教育"的论述，对我国英语教学也具有一定的借鉴意义。在英语教学过程中，为了更好地提高学生的英语水平，我们应该根据学生的语言学习特征来进行英语课外活动的设计。在运用教育学原理的同时，也可以运用教育测验的原理与方法，来研究考试的命题与成绩，设计英语的实验，处理数据，评价英语的教学等。因此，在英语教学中，教师要运用教育科学的基本原理、基本方法来指导学生的学习。

二、英语教学法和语言学

语言学是研究语言系统的科学，英语教学法是研究一种语言——英语的教学的学科，两者的研究都涉及语言，因此，它们之间必然具有密切的关系。在语言研究的领域里，理论语言学或普通语言学是研究语言的一般原则和人类语言的特点。这些原则和特点反映了人们对语言的看法，可称为语言观。人们从各个不同角度对语言的探讨加深了人们对语言特点的认识。对语言不同的观点、不同的认识使人们在不同的时期、按照不同的社会需要创立了不同的英语教学法。例如，听说法、情景法是以结构主义语言理论为基础而建立起来的教学方法；认知法是受乔姆斯基转换生成语言理论的影响而创立的教学方法。当然，不同英语教学方法的建立除了根据不同的语言理论外，还需依赖语言学习论。

除了普通语言学，语言学的其他分支对英语教学法也具有影响。描述语言学集中研究某一语言的系统、结构，向我们提供有关英语结构和规则的描述；英语语音学描述英语语音的特点、语音现象和语音规律；英语语法学阐述英语语法规则和英语的结构；英语词汇学对英语的词汇特点作详细的描述。这些语言学的分支能为英语教学研究提供丰富的材料，在选取英语教学内容方面，我们也可以从这些学科里得到原则和依据。

作为语言学的一个新的分支，社会语言学将语言作为一种社会现象进行研究，研究语言运用中不同的功能变体（Feature variants）、文体（style）、语域（register）、话语范围（domain）和语码使用（code）。社会语言学唤起人们对语言得体性的注意，这一点对英语教学法也是有启示作用的：英语教学应重视培养学生使用得体语言的能力。英语教学法不仅与教育学、语言学紧密相连，而且由于它研究教与学的过程和教与学的规律，因此它还与心理学有着密切的关系。

三、英语教学法和心理学

心理学是一门研究心理现象的科学，它不仅研究构成认识过程的感觉、知觉、记忆、思维、想象，而且还探讨构成个性心理的因素：需要、动机、兴趣、能力、性格等。英语教学是一项师生互动的活动，通过心理学，可以使老师们更好地了解和掌握课堂上的各种心理现象，把握学生的个性心理，从而更好地了解学习过程的特点，遵循英语学习的一般规则，并与学生的个性特点相结合，寻求一条有效地提高英语学习效果的途径。

学习是心理学中被广泛研究的一门学科。国内外学者从不同的视角，通过各种试验，得出了许多关于学习的理论。英语教学作为一个人与人之间的互动过程，同样也会被学习理论所左右。实际上，各种教育理论，例如斯金纳的"操作性"理论，布鲁纳的"认知发现"理论，都把它们与各种语言理论有机地融合在一起，形成了各种英语教育方式，形成了不同英语教学方式的理论心理学。语言学的研究重点在于语言的学习与运用，也就是人们对语言的理解、产生与习得。探讨心理语言学中儿童语言技能习得的特点，如"儿童接触语言环境是儿童获得语言技能的必要条件"和"理解语言技能先于生成语言"，为英语课程中学习内容的设计、学习方法的设计和第二课堂的开发提供了原则和理论依据。阅读外语的互动模型是一种阅读外语的策略，德国格式塔心理学学派的"图式理论"，表明了英语和心理学的教学方法及其子学科之间的密切联系。

四、英语教学法和哲学

英语教学法研究英语的教与学，在研究过程中，我们会碰到各种各样的现象和问题。要想根据当时、当地的实际情况对现象和问题进行分析和探讨，就需要掌握认识和分析问题的方法。从这个意义上来说，学好马克思列宁主义的哲学体系，以它的世界观和方法论来武装自己，是研究所需要的，因为这种世界观和方法论是最完整、深刻而无片面性弊端的关于发展的学说。

　　掌握马克思主义的世界观和方法论，有助于我们在研究英语的教与学时客观、准确、全面、辩证地研究其中的现象和问题，探讨教与学之间的关系，摸索教与学的规律。这样，才能按照学生的实际年龄与不同的心理特点、语言背景、个性，在不同的教学阶段按照不同的教学目标来制订不同的具体要求和教学方法；才能从实际出发，辩证地看待各个教学法流派，认识它们的长处，同时也摒弃它们的不足，并能按照教学实际，灵活地使用各种教学方法；才能对国外学者的研究成果做实事求是的分析，并能按照自己的实际情况，运用他们的研究成果来进行自己按学生实际英语水平而设计的策略。

　　一些哲学家对语言的研究促成了哲学中的一个分支——语言哲学（Philosophy of Language）的产生。哲学家对语言的研究成果也作用于英语教学法。例如，哲学家格赖斯（Grice）提出了会话含意理论。在会话含意理论中，格赖斯提出了他的"合作原则"，并说明了组成此"合作原则"的四个准则，即质的准则、量的准则、相关的准则和方式的准则。格赖斯会话含意理论为我们在正确理解会话意义方面提出了原则性的建议。在英语教学中，应如何使用这些原则和准则，以达到更好地理解语言的目的，也是英语教学法要研究和探讨的问题。从这个意义上来说，哲学不但为英语教学法提供了研究的方法，还提供了对教学有启发作用的理论。

第二章　大学英语教学理论

任何一项教学活动的开展都需要有教学理论作为保障。本章主要论述大学英语教学理论，详细介绍了两部分内容，分别是大学英语教学基础理论和语料库语言与英语教学。

第一节　大学英语教学基础理论

一、大学英语教学的基本原则

（一）交际性原则

语言是一种交流手段，主要用于人们交流思想和信息。沟通是说话人和听者之间、以及作者和读者之间在特定背景下意义的变化。英语教学的首要目标是运用语言来沟通，提高学生的交际能力。交流的中心就是要在各种场合中，使用所学习到的语言技巧，与各种对象进行有效而恰当地交流。所以，在教学过程中，我们要把交流的原理应用到教学中去，使学生能用他们所学到的英语和别人进行交流。我们在教学中应注意下列问题：

1. 充分认识英语课程的性质

英语课程是一门主要的技能培训课程。语言应该作为一种交流手段来教授、学习和使用，英语教育的终极目的，不再是教授文法规则，运用零散词汇，而是使学生能够使用他们所学的语言与人交流并接收信息。在教学过程中，教学、学习和实施三个方面形成了有机互补的统一，其核心在于使用。因此，改变过时的学习观念和澄清课程的性质是实施沟通原则时首先要解决的问题。

2. 创设情景，开展多种形式的丰富多彩的交际活动

语言是交流的手段，交流的产生往往是在一定的情境下进行的。情景的构成因素包括时间、地点、参与者、交流方式、对话的主题。在一定的情境中，说话人所处的时空位置和说话人的地位等都会影响说话人的话语内容和语调等。所以，在大学英语基础教学时，必须把所学内容放在有意义的环境中。同时，在特定的环境下进行英语教学，能让学生有一种置身于环境中的感觉，从而增强对英语教学的兴趣。为此，在大学英语教学时，应注意"交际性"特征，并与教科书内容紧密联系，尽可能多地运用各类教具，创造出与学生生活息息相关的多种情景，使英语交流能力得到提高。这样既能让学生学习有兴趣，又能提高学习效率，还能实现学以致用。

3. 注意培养学生语言使用的得体性

大学英语的主要目的是为了提高学生的交际能力，传统的英语教学只是强调语法的正确，而根据交际性原则，学生要具备良好的交际能力，需要在适当的时间、适当的地点，以适当的方式，向适当的人，讲适当的话。大学英语的主要目的是提高学生的交流能力，传统的英语教学只是强调语法的正确，而按照交际性的原理，要使学生具有较好的交流能力，就必须在合适的时间、合适的地点、合适的方法、合适的人，说合适的话。它与上述观点密切相关，创造场景，进行各种交流活动，如课堂游戏、讲故事、思考、对话、角色扮演、戏剧表演、主题讨论或讨论等，以最大限度地发挥你的能力，习得地道的语言。

4. 精讲多练

学院英语课堂的工作无非是教学和实践，第一是语言技能的传授，第二是提供语言学习。在课堂上，有必要提供一定的语言技能，以提高学生的学习效率。比如在进入水中之前，老师强调了一些注意事项和游泳动作，这将有助于提高学生在水中训练的有效性。但英语最重要的一项是技能，只有通过实践训练才能获得。所以，老师们一定要弄明白，从而让学生更好地练习。在英语教学中，应根据学习者的实际情况，进行"画龙点睛"般的指导。在此基础上，本书提出了一种新的教学模式，旨在通过教学实践，提高教学质量。即在做完必要的讲解后，应给予学生充分的练习时间。

5. 注重教学内容与教学活动的真实性，贴近学生的生活

语言与人们的日常生活有着紧密的联系，因此，在设计教学活动和选择教学内容时，必须充分考虑到语言与日常生活的联系。高校英语教学应将语言与学生感兴趣的主题相结合，向学生提供内容丰富，题材广泛，与学生生活密切相关的新闻素材。同时为使教学内容具有真实性，就必须使教材中的语言、教师的语言都具有真实性。

（二）兴趣性原则

1. 鼓励学生树立学习英语的信心

信心对做任何事情都至关重要，良好的开端是成功的一半。教师应根据不同水平的学生制订不同的学习作业。以下是需要注意的几点：（1）确定任务难度。在目前的大学体系中，学生根据专业被分为不同的班级，这不可避免地导致了他们在每个班级的英语水平分层。教师在布置作业时必须考虑到学生技能的差异。如果学生在大多数情况下能够很好地完成老师布置的任务，他们的信心自然会提高。（2）在布置作业时，教师必须首先仔细考虑细节，并确保分配的作业到达学生手中，以便他们了解需要完成的作业。在英语学院的教学过程中，教师必须放弃随机分配作业的想法。每一项作业都让学生有机会提高自己的技能，教师必须重视这一点。使用鼓励和积极的评估来帮助学生体验英语学习的成就。通常情况下，学生在完成作业时希望得到老师的认可。通过这种方式，学生群体能够体会到，首先，他们的努力得到了预期的好处，其次，这证实了他们执行任务的能力。教师应该能够发现学生的亮点，包容他们在学习过程中的错误，并以表扬和鼓励为主来评价学生。这将更容易调动学生的积极性，帮助他们建立学习信心。对于一些有困难的学生，老师应该更加注意观察，及时发现努力的结果，并表扬和激励他们。

2. 培养学生对英语学习的兴趣

老师们必须转变他们对学习的传统概念。传统的学习观把知识看作是目标，把学习看成是知识的输入，而忽视了学生的认知能力、知识经验和差异性，使学习趋向过于简单化。传统的教学理念缺少交互性，注重从老师到学生的全过程，

却忽视了学生对知识的掌握。作为一种语言,英语是一种互动工具,当然在互动环境中学习更容易;同时,语言学习必须强调学习者的认知能力和主动性,因此使用传统的教学理念进行英语教学效果甚微。学生的认识水平被低估,学生的反馈被忽略,不可避免地会导致疲劳,更不用说缺乏兴趣了。采用互动式教学方法,鼓励学生尽可能多地表达自己。既然英语是一种语言,那么强调表达是很重要的。

　　语言的基本作用是交流,我们可以从以下几个方面进行交互式教学:(1)通过做游戏,游戏是一种最轻松的活动,它可以创造一种非常欢乐的氛围,在这种氛围中,学生们更容易感受到学习与乐趣之间的关系,从而大大提高他们对英语的兴趣。一旦产生了浓厚的兴趣,学生们就会更加愿意说出自己的想法,更加愿意学英语。(2)演说的风格。演说作为一种最全面的交互形式,包含了写作和演说两个环节,可以使学生有一种在更严肃的情况下发言的感受。当然,这种表达方法对于个别同学来说是有一定难度的,也可以以小组为单位来进行。这样一来,基础好的同学就有了进步的机会,而基础差的同学也会有一种与有荣焉的感觉(但是要给每个小组的同学都安排好自己的工作),大家都会对英语有更大的兴趣。(3)多参与英语角。英语角已成为现代大学制度的一个重要组成部分,可以按班、系、校等组织。英语角是一种与现实生活最贴近的活动,可以让孩子们尽情地说出自己的想法,不用考虑很多其他的问题,更不用担心会有英语方面的问题。英语角对提高学生的语言表达、交流技巧、提高对英语的兴趣有很大的帮助。老师要鼓励学生积极参与,在需要的时候,可以带着一些学生一起参与,并且把这个活动作为一个加分项目。

(三)灵活性原则

1. 教学方法的灵活性

　　在英语教学史上,曾经出现了许多种不同的教学方法和流派,例如,语法翻译教学法、视听教学法、交际教学法,等等,每种方法都有其自身的优势与不足,教师应该兼收并蓄,集各家所长,切忌拘泥于某种所谓流行的教学方法。英语教学包括语言知识和语言技能两个方面,语言知识包括语音、词汇、语法等内容,不同的语音、不同的词汇、不同的语法项目都具有不同的特点;语言技能包括听、说、读、写、译等几个方面，其中又包括许多微技能。而学习者的个体差异也是千差万别的。因此，在英语教学过程中，要综合学生特点、教学内容以及教师自身的特点，创造性地开展多种多样的教学活动，充分体现教学方法的多样性和创新性，使英语课堂活泼有趣，从而激发学生学习英语的热情，挖掘学生的潜能。教学的内容也要体现多样性的原则，不仅要教授英语知识，还要讲授学习方法，结合英语教学教会学生如何做人。

2. 学习的灵活性

教学方法和教学内容的灵活性可以有效地带动英语学习的灵活性。要努力改变以往单纯的死记硬背的学习方法，帮助学生探索符合英语学习规律和学生生理心理特征的自主学习模式，使他们能够自我指导、自我激励和自我监督；静态与动态相结合，基本技能练习与自由练习相结合；结合个人练习和综合练习。通过广泛的实践，使学生在发音、语调、写作和拼写方面有了良好的基础，能够用英语表达自己，并从事简单的交流活动，提高听、说、读、写、译等综合运用语言的能力。

3. 语言运用的灵活性

英语学习的关键在于运用，教师要通过自身灵活地运用英语来带动与影响学生使用英语。在课堂上，老师要尽量使用英语教学、英语解释、英语问问题、英语布置作业，让学生感受到英语是一种有生命的语言。英语教学不应该仅仅是一个听、记的过程，而应是学生积极参与，运用英语来实现目标、达成愿望、体验成功、感受快乐的有意义交际的活动过程。另外，教师还可以通过灵活性的作业布置使学生灵活地使用英语。在布置作业时，应该将重点放在实际能力上，例如，可以让学生用磁带对口头作业进行录音，让他们轮流做值日报告，陈述和评议时事、新闻等。

（四）输入输出原则

英语教学中的"输入"指的是学习者在阅读、听力等方面的学习能力，而"输出"则是学习者在口语、写作等方面的能力。心理语言学的研究显示，输出依赖于输入；在这种情况下，输入为先，输出为后。首先，当学生学英语时，他们往往只能听懂而不能说明白，换而言之，学生所能听懂的，永远比能说的要多。学生能欣赏小说、散文、诗歌等优秀的文学作品，但学生并不一定能写得出来。另一方面，语言输入的量越大，语言输出的能力就越强。也就是说，学生听的东西越多，学生读的东西越多，学生的表达能力就会越强。因此，教师在教学过程中，应该注意以下几点：

1. 尽可能多地让学生接触英语

要通过视、听、读等手段，多给学生易理解的语言输入，如声像材料的示范和贴近学生日常生活、学习、适合学生的英语水平、具有时代特色的读物等。另外，学生学习的内容不要局限在教材之内，在课堂教学中，教师应突破课堂教学的边界，拓宽学生的语言接触范围。

2. 输入内容和输入形式的多样化

学生所接触到的英语，不仅包括声音、图片、文字，而且包括主题、类型、内容、信息等方面，具有多元化的资源。例如，在我们的生活中，特别是在大、中型城市里，我们经常会遇到很多英语，例如，我们的文具、服装、路牌、电器等等，都会有很多英语的标记。如果能够充分利用好英语资源，那么学生就可以很容易地学会很多英语知识。此外，在教学中，我们也应注意将以上所提到的语言输入进行归类，尽量给学生以多样化的输入。

3. 提高接触语言的频度

学习语言，接触语言的频度比长度更重要。这就是为什么《英语国家课程标准》在教学建议部分指出："英语课程从三年级起开设，为保证教学质量和教学效果，三至六年级英语课程应遵循长短课时结合、高频率的原则，每周不少于四次教学活动。三、四年级以短课时为主；五、六年级长短课时结合，长课时不低于两课时。"

4. 关注学生的理解能力

我们可以让学生去听，去读，在此基础上，教师可以直接让学生听懂，但不一定要马上让他们说、写。从培养目标上讲，要注重培养和提高学生的综合能力。

5. 语言材料要符合学生实际情况，具备可理解性和趣味性

仅仅依靠语言的输入是不可能全面掌握英语、形成综合运用英语的能力的，

还需要通过口头和笔头的表达来检验和促进语言的输入。在增加可理解的语言输入的同时，在理解的基础上不断地进行有效的实践活动。这些实践活动在基础英语教学中包括一定的模仿练习。学习一门语言需要模仿，但关键是如何模仿以及模仿什么。如果只是简单的系统模仿，只关注语言的形式，这并不能保证学习者能够在日常生活中真正使用语言。例如，如果学生只注意发音和语调的准确性，只记住句子结构，而不真正理解这些句子结构所表达的含义，那么学生就不能在课外使用它们。模仿最好通过模拟真实世界的情况并注意语言结构传递的内容来实现。

二、大学英语教学模式和方法

（一）大学英语教学模式

1. 关于传统英语课堂教学模式的思考

在我国几十年的英语教学中，存在多种英语教学模式和方法，其中广泛采用的是传统的"语法翻译"教学模式。外语课堂教学区别于其他学科的特点表现在四个方面：（1）必须通过积累大量的言语材料去激发教学活动参与者的兴趣，在事实积累的基础上去掌握大量的理论；（2）必须通过对集体作业和个别作业的安排去吸引学生的注意力，即以练习安排作为课题教学的外部手段，学生能否学得起劲，主要在于练习是否安排得当；（3）构成课堂教学的各个环节衔接紧密，有时两个环节要交叉进行，比如，讲授新的课程后马上进行初步巩固；（4）作为课堂教学基本媒介的语言受到限制。一方面教师经常因学生有限的目的语能力而不能充分自由地使用工具语言；另一方面受到课堂教学自身的局限，长期以来，中文学院的英语教学方式主要集中在教授课文、词汇、语法和组织练习的教师身上。这种传统的教学模式采用了"全课堂教学"的方式，虽然不重视学生的主观能动性，但是借鉴了教师丰富的经验和个人魅力，以及针对个人教学的小班教学方式，它确实培养了一代又一代的优秀人才。然而随着国家和社会对人们英语能力的要求进一步提升，这种教学模式面临着极大的挑战而变得难以维系。

2. 以"教师为中心"英语教学模式的反思

在我国,英语教学历来以课堂形式进行,且课堂教学模式采取的是"教师中心"模式。"教师中心"模式顾名思义,就是将教师作为整个教与学过程的中心。在整个教学活动的进程中学生是知识传授的对象,是外部刺激的被动接受者,学生始终处于被动的接受状态,偶尔对教师的讲授提出回应或疑问。在传统课堂上,教学媒介是教师在课堂上使用的一种示范手段,以传统媒介为主。黑板、教材是承载教学信息的主要工具,但它们单一的媒体呈现模式也对学生所能输入的信息量产生了制约,无法满足信息时代学生对知识的需要。教学媒体是帮助老师进行教学的最重要的手段,学生可以通过它来获取老师所传达的知识和观点。但教学媒体向学生传递的信息有限,主要依赖于教师的讲解,学生几乎无法对教学媒体进行操作与控制。将互联网应用于高校英语教学,这就需要教师在教学过程中,借助互联网技术,运用现代化的教学与学习理论,充分运用开放式的互联网资源与互联网互动技术,正确处理好师生、教学内容与教学媒介之间的关系。教师在课堂上可用多媒体教学平台,或连接网络资源或展示教师自制的 PPT 电子课件,但是,此模式仍然是以教师为中心。一些教师仍把计算机网络教学简单地理解为将现代教学方法和模式融入传统教学方法和模式,忽视对相关现代教育思想和理论的研究,只使用新瓶装旧酒,片面追求形式,不创新教学方法,因此需要教师精心设计新的教学模式,以符合新教学中的多媒体教学要求。

(二)教学模式改革的理论基础

1. 建构主义理论和多媒体、网络技术的结合

建构主义认为,知识是人们永无止境的探索,而不是一成不变的真理。教师不能教给学生现成的知识,而应该引导学生积极探索,使他们获得学习和解决问题的方法,成为独立的学习者和知识创造者。大学英语教师不仅需要分享语言技能,还负责指导学生在英语教学中的应用。在大学英语教学中,要确立以学生为中心的理念,培养学生的自主学习能力和终身学习能力,发挥他们的英语学习主观能动性,在运用英语完成各种交际任务过程中建构英语语言知识体系,提升其英语应用能力。教师在英语教学中应采用各种方法和手段,帮助学生形成对语言

的认识，使英语教学不仅在课堂中进行，而且可以延伸到课外。为在大学英语教学环境中实现从"学习英语"到"用英语学习"的课程转换创造条件。

2. 教学模式的建构原则：以学习者为中心

建构主义思想作为大学英语教学模式改革实践的重要理论基础，指出学生不应简单、被动地接受教师输出的或书本的知识信息，而是要靠学生自己主动建构知识体系，但是传统的教学模式无法实现这一目标。因为传统教学模式是以教为主，即教师根据自己对教学内容的理解备课、讲课，并且习惯于讲精、讲细、讲透；学生则习惯于机械地理解记忆，教师与学生的交流和互动极少，学生学习的积极性、主动性没有充分发挥出来。同时，现代网络技术的介入对传统教学模式形成了一定冲击。学生可以借助现代多媒体设备根据自身知识的组成情况，选择配套的网络课程学习，这就使大学英语教学不再受时间和地点的限制，而朝个性化学习和自主化学习方向发展。在大学英语教学中实现此转向的目的就是改变教师在教学过程中的绝对主导者角色，转变为学生自主学习、自我思考、自我发现的促进者，指导学生在多媒体的网络环境下主动地、积极地学习英语，最大限度地发挥他们的潜能。建构主义理论的核心是以学生为中心，强调学生对知识的主动探索、主动发现和对所学知识意义的主动建构。计算机网络环境下的课堂教学模式与自主学习模式应结合教学的现实要求，遵循建构主义教学理论，在课堂教学过程中，教师应该避免单纯的知识点教授，要充分利用开放的网络资源和网络交互技术，融知识教学与综合能力培养为一体。课堂教学是在一个相对单一、闭塞的环境中进行的，教师应充分利用现有条件，拓展教学空间和课堂知识点操练环节，尽可能多地开展师生之间的课堂互动交际，在实际操练中进行语言知识教学，让学生在学习中发挥出自己的作用，并设计出一种具有复杂性和开放性的语言学习环境与问题情境，以此来激发、驱动并支撑学习者探索与解决问题的活力。同时，教师也可以在课堂上利用多媒体手段，如播放幻灯片或与学习主题相关的影像资料，使文字与图像信息相互交融，在激发学生学习积极性的基础上，对课堂知识点加以拓展。网络多媒体手段使学生利用计算机进行网上自学成为可能。网络上的信息是以学生为主要对象的，学生是学习的主体。学生能"控制"学习媒体和课程的实施过程，能对学习的时间、地点、内容进行自由的选择。学习是非线性的，不连续的，不再局限于传统的课堂学习。教师根据特定目标和学生特点，设计不同的网络课程任务，对学生进行有针对性的因材施教。学习者借助计算机的自主学习将不再需要链接，学习内容可以根据自己的兴趣、爱好和未来的设计需求独立自由选择。通过互联网、超媒体、超文本信息，跨学科、跨时间、和现实联系，建立一个让学生脱离高校英语课堂，进入社会的英语应用环境中的知识系统，能有效地保证学生的自主学习质量。由此可以看出，随着现代多媒体教学手段的介入，新的课堂教学模式和计算机网上自学模式在建构主义的影响下，被赋予了个性化、自主化、协作化等特点，这是更符合现实人才培养需求的变革。

3. 教学模式与网络技术的结合

建构主义教学法是一种以学生为主体的教学方法，它强调学生主动地去探索、去发现、去建构所学的知识。教学过程应该是师生交往的过程，是教师与学生、学生与学生、学生与社会的互动过程。基于建构主义的教学模式应重视四种学习方式，即自主式学习、探索式学习、情境式学习和合作式学习。以四个方面对高校英语教学模式进行了探讨，认为这是一种以教师为主导，以学生为主导，以教学信息为主导，以教学环境为主导的教学模式。这四个因素相互影响，共同构成了一个稳定的网络多媒体教学模式。

4. 网络技术下的自主学习

首先，网络技术影响下的教学模式突破了传统课堂教学的时空限制，创造了现代教学环境，构建出一个无限开放的教学空间，淡化了"教"，而强调在现实环境中的"学"。教师宏观布置学习任务，学生自主掌握学习进度。学生通过自主学习，查漏补缺，将旧知识与新知识联系起来，在原有知识的基础上增加、积累新的知识。那么，在多媒体网络自主学习的环境下，学生就可以在任何地点、任何时间开展学习。老师们可以在校园网上开设英语网站，开设英语新闻，英语论坛，让学生们按照自己的语言水平，兴趣，学习习惯，自由地选择学习的内容。网络课程的最大特点是利用现代化技术，通过为学习者创造开放的网络自主学习环境来突出学习者的个性差异，充分调动学习者自身的积极性，充分挖掘学习者自身的学习潜能，最大限度地开发学习主体的主观能动性。在网络环境中，学生进行的是个别化的自主学习和协同学习，学生可以按自己的知识结构和需要选择相关的知识内容进行学习；学生还可以在很大程度上支配自己的学习时间、过程和空间，制订学习目标，并随时作出调整，调节学习进程；根据个人的程度和需求，在各种层次上，或重点放在词汇学上，或侧重听说训练，从而达到强化自己所学知识和所掌握技能的目的。

其次，网络技术对探索式学习具有激发性。语言学习是一个积极的体验过程，需要学生学习和建构语言的意义。因此，语言学习应该是一种非程序性的、未定义的活动。建构主义侧重于学习者的中心学习，基于发现的学习和探索性学习，让学生在特定的语言环境中体验和探索，将学习变成一种自然的行为活动。在线上学习环境中，学生的学习过程不再由教师统一塑造，不再像课堂教学那样要求集中思维、追求一样的思维和积极的思维。学生有足够自由的空间，他们可以在学习的同时更加积极地独立思考。因此，在对已有知识与经验进行消化与吸收的同时，他们更加重视创新学习。因特网的开放和多元化给学生们带来了很多的选择，激活了他们的思维，激发了他们的创造欲望。为了在使用计算机时实现自主学习，学生必须搜索、探索和构建语言的含义，这就是一种探索式学习。对一切新学习模式、新知识的探索也促使学习者通过不断地学习来更新、改变自我的思维结构，在没有老师指导的前提下，学生要学会自己去安排自己的学习时间，并能够独立地使用网上的教学资源，自主分工合作完成教学任务，从而形成一种不断探索、创新的思维模式，发挥学生的自主创造性。在网络教学中，学生成为学习的主体，网络学习系统中设计得真实、复杂和开放性的语言学习环境驱动并提升学习者探索、思考与解决问题的能力。学生有了这样的资源，再培养有效处理这些信息的能力，就可以真正实现自我探索式学习的目标。

再次，网络技术有助于情境式学习。只有在真实的情境下，学生所感受到的语言才更完整、更有意义。一方面，因为这些语言学习素材具有丰富的内容，可以极大地激发学生们的兴趣，让他们能够积极地、主动地参加到学习中来，引导学生在网上"电子畅游"世界，利用计算机教学软件自主视听或观看原版英语电影，以亲身的探索经历构建坚实的图式基础，在网络创置的语言情境下建构自己的目标语知识，达到语言学习的目的；另一方面，学生可以通过网络，随时下载有利于创造情境的资源，丰富大学英语课堂的教学内容。这可以在网络环境中，指导学生培养他们的阅读、听说和写作能力，同时提升他们的批判性和创造性等高级语言思维能力，将全球的知识信息联系起来，形成一个巨大的教学资源库，把娱乐性、参与性强的网站引入教学内容之中，充分调动学生的各种感官。此外，英语电视、英语新闻和各类国际活动的英语直播，特别是越来越多的大学建立的英语中心等等，都为语言学习创造了极好的语言情境，保证在较真实的英语环境中全面培养学生各项英语语言技能，使学生在真实的语言经验中内化自己的语言知识，从而培养和提高自己的语言综合运用能力。

最后，网络技术有助于合作式学习。在网络环境中，以电脑为中心的现代教育技术、教师、学生，应共同构建起一种"三位一体"的大学英语学习环境，并在此基础上，提出了相互作用、相互补充、相互转换的概念。建构主义认为知识是通过人的行动活动或经历而建构起来的，它具有渐进性和情境性。语言教学过程不是一个单纯的认识和传递知识过程，而是通过语言建立师生之间的合作关系、对话关系。在这一对话中，教师和学生通过自身的经历和表达，达到了知识的共享和人格的充分发展。教室不再是老师唱独角戏的舞台，也不再是学生等着被灌输的知识接收站，而是师生之间的双向互动。随着多媒体网络技术的介入，教学中的对话已不限于师生之间，学生和学生之间的语言反应已经出现，并创造出了新的教学环境，如师生互动教室、学生互动"社区"和动态互动"在线"，这体现在教师、学生在课堂上、跨课程地点以及在线虚拟空间的三维环境中的英语互动活动中。其中，老师起到了引导、促进、协调的作用，而学生则是学习活动的主体，在探索、实践、合作中逐步掌握并外化了语言运用的规律。在课堂上，教师可以让学生分组进行专题的准备和讨论，所有学生均被要求参与某一专题的准备和陈述，并设置自由提问环节，教师在整个讨论过程中起引导作用。多媒体网络教学环境为师生、生生之间提供了多种形式的语言交流途径，网络教学中的协作学习、小组讨论、在线交流等学习模式也使师生之间、生生之间通过交流信息实现互动合作，从而实现真正意义上的人机、人人互动。与传统课堂模式相比，多媒体教学优化了英语教学资源的环境，提高了学生学习效率和教学效果。多媒体教学模式不仅是运用先进技术手段，还提升了教学效率，更重要的是它改变了以教师为中心的传统教学模式，更注重"学"而不是"教"的全新教学模式对于发展和培养我国学生迫切需要的英语综合应用能力和独立自主学习能力有着深远的意义。

（三）大学英语教学方法

大学英语教学在方法上越来越趋于多样化、折中化、本土化、学生中心化和学习自主化。这些变化促进了大学英语教学改革。英语教学是一门实践性极强的课程，它要求知识的教授，但是更要求有一个生动、比较逼真的课堂，并且要有学习者作为语言学习的主体，要有他们的主动参与，还要有他们丰富的交际。教师的"教"和学生的"学"是教学的两个重要环节，需要教师和学生共同参与。那么，英语教学方法首先要解决的问题就是在教师与学生共同参与的课堂互动方式中，自觉地创设多种语言情境，主动激发学生对英语的兴趣，使他们能够正确运用英语知识进行表达，进行思想交流和信息传达。然而，英语教学方法的使用并非一成不变，也并非只有一个人可以使用，这就要求教师在教学过程中灵活地选择有效的英语教学法，在以计算机、多媒体和网络为辅助手段的基础上，将多种教学方法交替运用。这种方式能够有效地激发学生英语学习的主观能动性，帮助老师及时调整教学进程，增强师生间的交流，帮助学生更好地提高自身的语言能力。教师对教学法进行选择时应注意兼顾以下几个原则：知识的体系性、任务的多样性、情境的真实化。

英语教学法要帮助学生构建扎实的语言知识体系。《大学英语课程教学要求》指出，大学英语的教学目标是培养学生的英语综合应用能力以及用英语进行交际的能力。交流能力包括两部分：一是对语言的理解，二是对交际的理解。通过对语言知识的不断积累，使学生在交流中获得更多的信息，从而达到更好的交流效果。在二者之间，学习语言知识是其根本，也是最终为语言交际服务的。在进行英语教学时，教师可以参考"文法"的方法，先进行词汇，后进行句法教学；采用演绎法讲授语法规则，再举例予以说明；语法练习的方式一般是将母语句子翻译成英语。在强调阅读作为英语教学的主要目标的同时，考虑对学生听、说、写能力的培养，这样的教学法在很大程度上有助于学生英语知识体系的建构。此外，要重视母语和目标语言的共同使用。因此，在教学过程中，老师可以恰当地使用自己的语言来讲解，特别是对于那些带有抽象意义的词语，以及那些不属于自己语言的文法现象，既省时、省力，又简单易懂；此外，通过对英汉两种语言的对比，可以使学生更好地使用目标语言。

教师在设置任务时，要让学生在任务的驱动下学习语言知识并进行技能训练，在感知、认知知识的过程中达到学习和掌握语言的目的。教学内容可以以课本为中心，但不局限于课本，以学生的生活体验和真实的交流实践为参考，既要帮助学生学习英语知识，培养语言技能，提高应用能力，又要帮助英语与其他课程的交叉融合，培养学生的思考能力、想象力、合作创新能力。例如，在课前，要求同学们在课余时间里，通过图书馆和网络等媒体，查找与这一单元有关的文献，以了解这一单元的核心内容；建立一个学习小组，让成员们相互检查背诵课本的内容，或者按照课程内容，事先安排好小组的排练，并在课堂上进行演示。在课堂上，鼓励同学们参加各种学习、讨论和演讲。因为要完成的目标和要解决的问题都在学习任务中，所以会激发学习者对新知识、新信息的渴求。这样，学生在执行任务和参加活动中，可以帮助自己重新组织和建构自己的知识，吸收新的信息，并与学习者现有的认知图式相互作用、联系、交融与整合。

在教学中，在课堂上，教师要充分利用虚拟现实，扩大课堂教学的空间，加强对课堂的感知，加强对课堂的参与，以达到提高课堂教学质量的目的。传统的课堂教学仅限于在教室里进行。现代信息技术的普及，为高校办学空间的扩大提供了条件。在课堂教学中，教师可以利用网络教学设备，为学生创造出一个真实的语言环境，或者是一个模拟情境。在模拟的情境中进行语言知识的学习和操练，在实践中提升交际能力。传统教学法的弊端之一就是教学法给学生造成一种距离感，形成"你讲我听"的被动状态。而情境教学法由于教师根据教材和心理理论创设了有关情境，鲜活的教学内容缩短了师生的心理距离，强化了学生积极参与的意识。情境教学法强调在英语教学中充分运用生动、形象、逼真的情景，让学生有一种置身其中的感受，运用情景所传达的资讯及语言素材，刺激他们运用英语来表达自己的想法与情感，从而提高他们的语言能力，使他们的情感、意志、想象力、创造力等方面得到全面发展。情景教学法在教学中的应用，就是要以课堂教学为主，通过各种手段，创造出一种真正的语言环境，创造一种英语交流的气氛，使学生能够进行英语交际。教师可以鼓励学生在课后使用视听设备和语言实验室来放映英语电影、收听英语广播、收看电视节目，通过情景、视听教学，让学生把握地道的语音、语调以及了解西方的文化背景。情境式教学可以打破英语课堂狭隘、封闭的局面，扩大教学的空间，激发学生的学习兴趣，激发他们的参与性，提高教学质量，对英语课堂教学来说是一种切实可行的教学法。在英语教学中，要注重培养学生的语言技巧，培养学生的交流能力。

由此可以看出，每种英语教学法都有其产生和存在的条件。在实际教学中，教师应该仔细研究各种教学法的特点，熟悉并掌握其中的技巧，我们不应该一味地夸赞某一种教育方式，而否认另外一种教育方式。在教学过程中，要结合实际，运用多种教学方法。结果表明，任何一种教育方法都不可能是万能的，过度地依靠或推崇一种教育方法，往往会对具体的教学实践造成一定的偏差，这不利于英语教学的进一步发展与提高大学英语教学水平。英语教学大纲要求教师不仅要向学生传授语言知识，训练语言技能，还要培养学生运用英语进行交际的综合能力。这一要求是立体的、多层次的，而且当前大学生获取知识的渠道多样化，自学能力强，所以，教师在教学中必须本着客观、实事求是的态度，结合教学特点、学生的实际情况以及现有的教学资源，选择合理的教学法，从而有效地开展大学英语教学。

第二节 语料库语言与英语教学

一、语料库在英语词汇教学中的应用

（一）语料库与语料库语言学

语料库就是对海量自然语言材料进行处理、存储、检索、索引以及统计分析的大型资料库。尽管早在18世纪人们就开始尝试建设语料库，但由于技术手段的限制，在很长一段时间内它的发展缓慢而艰辛。随着时代的发展，计算机处理速度迅速增长并且存储容量也在不断扩大。语料库的构建和在语料库基础上语言

学的研究在过去的二三十年里得到了迅速的发展，并逐渐成为语言学界关注的热点问题。尤其是在方便、快速的计算机定位和检索管理软件的强大支持下，语料库的容量越来越大，功能也日益加强。在计算机中存储着大量的真实语料库，通过对语言库检索和分析，从构词、搭配、语境和修辞这四个方面研究者可以获得大量的语言信息。在教学方面，语料库以其宏大的数据库为基础，为编写辞典、语法书及各种教材提供了海量而又鲜活的真实语言原料。近年来，语料库在教学中的应用日益广泛，涉及词汇大纲和教材编写、词汇教学、语法教学、语篇章分析、错误分析、机辅语言学习、机器翻译、语言测试及学生自主学习能力培养等。

（二）语料库在大学英语词汇教学中的应用

1. 利用语料库进行词语搭配教学

搭配是在语篇中实现一定的非成语意义并以一定的语法形式组合起来的一系列词语。序列中的单词是预期的，并以比偶然更大的概率出现。一个词的意思并不是孤立的，这可以从与它一起出现的词中看出。构词搭配的形式属性词项的结伴规律、结伴词项间的相互期待与相互吸引、搭配成分的一类连接关系等是词语搭配的形式属性，也是词语搭配研究的关键意义。教师可以利用语料库对学生的词汇搭配进行客观分析。例如研究"get"在工科学生英语写作中的运用情况，发现：在"get+adj"结构中，get被用作"系词"，学生可以在此基础上具体、准确、充分地表达句子的意思，如 get more beautiful，get familiar with，get addicted into，get hooked on 等。在"get+n"结构中，学生的最常选择的匹配词是 information，news，date，mail 等等，可以看出，一旦需要表述"得到、获取"这些意思时，学生都会使用 get，认为该动词能在所有语境随时随地运用。仿佛它是"万能动词"，这反映出学生的词汇量匮乏的现象，也反映出学生无法使用其他词表达同一种含义；由此也可以看出学生无法深刻地理解 get 一词的实际内涵。出现频率较高的 get 的固定搭配是 get rid of，get the best use of，get a way from，get contact with getting on 等。综上所述，学生无法灵活使用 get，表达缺乏多样性，侧面反映出掌握不够深入和全面的情况。

2. 利用语料库进行语义教学

在语料库语言学中，语义韵是关键课题之一，它可分为积极范畴、中性范畴和消极范畴。第一种，在积极语义韵里，关键词吸纳的词全部都是含有积极向上语义特点，从而营造一种积极的语义氛围。第二种，在中性语义韵里，关键词在吸纳含有消极含义的词的同时也吸纳一些含有积极含义或中性含义的词，从而营造一种中性的语义氛围。另外，中性语义韵也叫作错综语义韵。第三种，在消极语义韵里恰恰相反，关键词吸纳几乎都含有非常明显的消极语义特点的词，一种强烈的消极语义氛围充斥着整个语境。有很大一部分英语单词的搭配行为表现出综合语义韵的特点，有的词具有鲜明的消极语义韵，有的具有明显的积极语义韵。语义韵研究的方法有三种：（1）建立并参照类连接，用基于数据的方法研究；（2）计算节点词的搭配词，用数据驱动法研究；（3）用基于数据与数据驱动相结合的折中方法研究。① 这是由卫乃兴指出的一般方法。学生可以通过阅览节点词的索引线来找到节点词的语义韵特征。

（三）语料库研究对英语词汇的教学作用

1. 通过词频的统计研究，量身打造不同阶段英语学习者的必备词汇

编制词频表时一定会应用到词频统计研究，词频统计确定其他方面的高频词的范围和数量。英语初学者只能把自己的时间用在学习高频词汇上。最常用的词不是由感性的和主观的经验判断决定的，而是基于语料库的词频统计研究中的高频词。因此，对词频统计的研究直接影响到词汇的教学，对于"教什么样的词"的决定是客观有效的。根据库切拉（Kucera）对 Brown Corpus 的统计，使用高频词总共有 2000 词汇。首先，初学者应该学习和理解这些词汇。除此之外，学习者使用英语的目的决定了学习和掌握何种词汇。英语所有使用目的都有相应的专业词汇。我们要想进行专业学习和对应的专业应用，就需要学习和掌握基本的高频词汇和有关的专业词汇。高频词表是非常有使用意义的。一方面，高频词表在词汇教学方面对于教学内容的确定，教学重点的明确，教学顺序的安排提供了帮助，教师和学习者可以参考高频词表进行教学和学习；另一方面，可以满足不同

---
① 卫乃兴. 卫乃兴谈语料库语言学的本体与方法 [J]. 语料库语言学, 2014, 1（02）：27-34+112-113.

学习者的要求，获得更好的英语词汇学习效果，使学习者更加有自信学好英语词汇，激发学习热情。

2. 通过词语的搭配研究，准确使用英语词汇

在语料库中，词汇研究中最受欢迎的领域是词语搭配，占据了语料库语言学的核心位置。搭配（collocation）是词语经常同步使用的方式。"经常"（regularly）的意思是：在文本里词汇项重复共现，即共同出现，表示出特定的典型性，它不是一种可能性。例如，可以与特定动词同时出现前置词有哪些，可以与有关名词同时出现的动词有哪些等。

例如，通常用 do 与 damage，duty 以及 wrong 等搭配，而不与 trouble, noise 和 excuse 搭配。因此，可以说 do a lot of damage, do one's duty, 而 make 则与后者搭配构成 make trouble, make a lot of noise, make an excuse。很明显可以看出，在实际生活中人们使用语言时，词项不是随便搭配出现的，词项的搭配是存在一些常规规则的。在词语的伴生和共存中，他们总是期待和预见对方。

在很长一段时间里，词汇教学中词语的搭配知识信息是一个重点，也是难点。但是在实际的教学中，常常在词语的音、形、义呈现之后，再介绍与目标词语相关的词组、短语，却几乎牵连不到其他方面的搭配形式。由此产生两个方面的问题。

首先，这些来自词典知识的词组或短语与目标词语基本上都有关联，它可能也是从长期积累的经验中提取出来的搭配形式，我们并不知道这些语法上正确的词汇在日常生活中是否得到广泛地使用。例如，我们知道 rain cats and dogs 是瓢泼大雨的意思，在所有的英语词典里基本上都会用这一搭配来举例，并且在教学中教师也会常常提到这一搭配。但是在人们现代英语交流中很少再出现这个搭配了。

据调查，此搭配在 1000 万词语的口语语料库中从未出现过；在 9000 万词的书面语料库中仅仅出现了一次。[①] 由此可知，此类搭配已经过时，在当代已经不使用而且也没有学习它的意义了。

其次，搭配的概念范围不够广泛。在搭配词语时，要全面思考"习惯性共现"

---

① 龚聪琛. 浅析语料库在英语词汇教学中的应用[J]. 中外企业家，2016（11）：269-270.

的各种可能情况，不要受到既定短语的约束。很明显解决上述两个问题的关键在于基于语料库的词语搭配研究。利用现代计算机技术，教师可以快速、方便地从含有成千上万单词的语料库中检索单词或短语的所有实例，并计算单词或短语出现的频率。因此教师在建立词汇之间的联系时能够更准确、更充分，更好地理解其他语言形式在实际交际中的意义和作用。首先要打破短语和词汇的限制，获得词汇搭配的综合信息；其次，在现实生活中学习词语搭配，在词汇教学中降低词汇搭配的随机性和局限性，使词汇学习的质量和效率有效提升。

3. 通过提供词汇句法层面知识信息，正确运用句法

词汇教学的内容分为词汇形式、发音、拼写、词根、词源，使用词汇的语法规则、搭配、功能、意义等。很明显，词汇教学的内容多种多样，词汇教学既包含基础的语音、形态和意义，还包含有关于词汇句法方面的非常关键的知识信息，如"使用词汇的语法规则"和"功能"等都关系到词汇的句法水平。因此词汇教学的范围不应该被"词"的框架限制住，还应扩展到"句子"甚至"文章"的范围。

语料库在大学英语词汇教学中有得天独厚的优势，他可以提供词汇和句法。语料库的多元性、自发性可以使教师和学生获得最常用的词汇、搭配以及构词和句子的规则。词频信息、义频信息和最常用的词性信息的获得来自于统计和研究含有目标词汇的语句，这有助于加强词汇教学和目的性训练；在观察词语搭配的基础上，总结出自然状态下语言的真正常见搭配，从而有助于词语使用规则的制订，甚至纠正相关规则。例如：something that, nothing that 这些在课本上属于正确搭配形式，而 something which, everything which 这些在课本上却属于错误搭配形式，但通过运用语料库进行词语搭配时却发现，虽然 something which, everything which 的使用频率不大于前者，但也是人们经常使用的而且出现频率比较高。

4. 通过提供词汇的运用语境，呈现多样

研究大学英语词汇教学时，许多成果都体现在对词汇教学方法、技巧和策略的研究和探讨上，而对另一个关键步骤——演示 (presentation) 的研究却没有得到足够的重视。词汇教学离不开"呈现"的过程。如何用词汇打动学习者是一个重要的研究课题。通过对大学英语词汇教学表现方式和效果的实证研究发现，在词

汇教学的呈现过程中，举例环节对词汇教学和学习效果有着显著的影响。因此，举例是大学英语词汇教学中一个关键的教学内容。在传统词汇教学的表现方式和操作模式中，教师引用的例句一般是随便说的。在例句的内容方面，只要包括目标词汇，教师通常不会考虑太多。这样的例子通常是虚幻的语句，语法上是正确的，但在现实生活中却很少使用。这种举例简单地说明了使用目标词的规则，方法是将相关单词放入语法上完美的句子中，以此来说明单词的使用规则。词汇教学中的课堂质量受到它的随机性和虚假性限制，难以达到预期效果。为了防止这种缺陷出现，在进行例句练习时有必要使用语料库提供的大量自然发生的语料。

在词汇教学中，教师选择的例句是参照语料库中的相关真实语句。首先，它们可以使示例更有效；其次，它们可以获得目标词的信息——高频搭配词、词义的高频使用和词性的共同部分。语料库中如果语料多种多样且新鲜真实会对学习者在第一次学习例句时产生深远影响，对目标词汇有着自己的独特解读，记忆效果也会更坚实持久。学习者不但不会觉得词汇学习无聊反而更具有较强的学习兴趣。

5. 应用语料库关键词检索，丰富词汇教学手段

在语料库中，关键词检索功能是最基本的也是最有优势的。在整篇文章范围内搜索关键词，可以将关键词和语料库文本中的所有上下文示例显示在一起。单击一个示例还会显示另一个窗口，显示全面的上下文，甚至是全文。学习者通过关键词检索这种方法可以感受在不同语境中词汇或短语的准确使用方法，对词汇的感性理解更加深刻；学习者在多种多样的用法和语境中能够区分同义词之间不是很显著的语义和语用差异，这在很大程度上帮助学习者验证困难的用法和词语匹配的情况。教师在语料库的关键词检索功能中也获得了便利。教师的语言直觉决定不了的问题可以很容易得到解决，词汇例题的准备和课堂上的实时词汇练习变得更加简单和快速。此外，许多语料库的自动更新功能使其中的很多例子常常更有时代气息、靠近现实且生生不息，开发了学生学习的积极性，这些都是词典做不到的。

（四）语料库在词汇教学中的展望

近年来，通过观察英语语料库和研究语料库语言学，总结出语料库下的词汇教学的未来发展方向，有如下四个方面：

第一点，语料库方法在词汇或英语教学中越来越受到关注并被广泛应用，教师和学生也开始渐渐地接受语料库；第二点，应用语料库将从传统的词汇大纲教学和教材编制扩散到新出现的领域，如课堂词汇教学、词汇搭配学习、词汇测试设计、词汇学习活动设计和计算机辅助语言学习等，以推进改革词汇教学方法；第三点，语言研究方法的差异化，如基于语料库的研究方法、反思方法和归纳方法，各种方法逐步相互融合打破了语料库方法的局限性。第四点，人们对语料库和语料库语言学研究越来越深入，开发了大量的语料库分析和应用软件。然而，一些现有的软件还需要进一步改善。

二、语料库在英语口语教学中的应用

（一）英语口语语料库的现状

人类交流的方式主要有两种，一种是口头交流，一种是笔式交流。在口语交流方面，语言学家在很早的时候就开始关注服务行业的对话和听写，例如对话有顾客和服务员在商场、银行、酒店和饭店的交流，例如听写有关故事和笑话。不同的口语语体对应不同的语言风格。近年来，口头语言的研究范围扩大到甚至包含研究法庭对话和求职面试对话等，一些语言学家对商务会谈、电视访谈、在线聊天等也产生了一些想法。现代口语语料库的出现促进了口语语料库的深入研究，同时也为大学英语教学提供了新的教学思路。在语言研究和词典编纂中被广泛应用的是将录音内容转换成口语语料库后，利用检索软件查找相应内容。

（二）语料库用于英语口语教学的可行性及优势

基本语音能力、词汇语法能力、语篇能力和语用能力这四个部分构成了学习英语的人的英语口语能力。在语料库发展的初级阶段，语料库只进行如词频统计等一般词的分析；语料库语言学不断地进步与发展，语料库在统计一般词的词频基础上又增加了标注词的语法属性这一项功能。目前,语料库越来越关注如语音、构词、句法、语义、语用等不同层次的标注,对语音特征、话语结构、语用策略等一系列的相关研究也越来越重视。现在语料库的发展启发和引导着英语教学中绝大部分分支领域的进程,这是越来越多的人们的共识。教师借助语料库能够迅速简便地为学生找到许多口语表达例句。这些例句具有生动而自然的特点,能够帮助学生在表达方式上掌握得更好、积累得更多,在实际的口语中对于句子的用法的理解和掌握程度也会对他们战胜畏难情绪有很大帮助,他们更加积极地说英语,激发了他们的表达欲望,随之而来的是其口语表达能力提高。在培养学生养成探究性学习方法和自主学习能力方面需要不断地引导学生,帮助学生在规定的主题上查找和搜索语言材料,在此过程中体现了以学生为主题的教学理念,学生在实际日常生活中学到了很多。

(三)语料库在英语口语教学中的应用

1.口语语料库对大学英语口语教学具有促进作用

目前可以在一个全新的平台上研究英语口语教学,而这个平台是口语语料库提供的。为比较语料库的使用方法,分别从当地土著居民和学习者的语言中找到有关对教学有利的信息,从而提高英语教学的质量。英语口语语料库推动英语口语教学方面具有很大的影响力,具体的影响分为三个维度:

(1)帮助学生在输入语言方面进行拓展,使其英语口语水平有显著提升。在英语教学方面只有经历了大量的语言输入才能积累语言输出,英语口语水平的提升与输入语言的数量有高度相关性。学生通过使用语料库有了了解其他语体的各种机会,学生们的视野、语言输入的内容和范围都有所开阔和提升。

(2)英语口语教学水平的提高离不开语料库语言学的使用。教师通过分析比较新建立的学生口语语料库和以英语为母语的口语语料库这两种语料库,能够充分和正确地掌握学生的口语表达水平。从学生口语语料库中找出学生在日常英语口语表达中大家都会出现的表达错误和一些经典问题,找准英语口语教学的难重点,有目的性地进行英语口语教学以此达到提高口语教学质量的目的。口语语料库除了以上功能还有很多其他功能,如为英语口语教材的编写和教学大纲的制定提供数据支持。

（3）口语语料库在提倡数据驱动学习的同时进而激发学生自主学习语言。在大学英语课堂教学中口语语料库不但提供了学生探究型学习活动方面的一些资料，还可以推动数据驱动学习，从而促进学生自主学习英语，学生的学习类型从"学会"转变到"会学"。学生在语料库学习时，在具体的语境中分析、汇总某个语言现象的意义及语言规律，从而形成了自己的知识主体，自主学习能力也在这个过程中有所提高。

2. 英语口语语料库语言是教科书的有效补充

（1）教材在教学内容上比较单一，而英语口语语料库填补了这个缺憾。足够多的语言输入才能促进语言产出，输入语言的数量决定着英语口语水平的质量。学生通过使用口语语料库使得语言输入的范围得到拓展，更有机会接触到除了课本以外的其他各种语体。

（2）英语口语语料库将有理有据的语言信息发放给英语教师。英语口语教学中真实可信的语料毫无疑问是来源于口语语料库。在教学中语料的选择与教学目标有关。

（3）英语口语语料库使英语教学内容建立在真实材料的基础上，创造出接近实际生活的教学内容，这些都与语感无关。口语语料库所提供的接近实际生活的资料使学生们学到实用的语言，提前规避了教材学习与实际应用时的脱轨现象，学生在生活中能够真正地使用课堂所学，从而学习动机和学习兴趣都得到鼓励，避免了"学非所用"给学生们带来的消极影响。

（4）英语口语语料库在任务型学习活动的设置方面和材料驱动语言学习的实施上都有很大益处。在学习英语的过程中语言成分可以随意的搭配，但实际上在地道的本族语表达中，这种自由度往往是受到限制的。固定搭配在大学英语教学中尤为重要，越来越多的学生也意识到这个问题。在英语表达中有很多相似的事情，有的时候词汇和语法都是正确的，却与当地英语的表达方式不符合。所以固定用法与习惯表达在地道的英语口语中是至关重要的。

（5）建立有关教师和学生的英语学习者口语语料库，教师和学生可以在比较分析语料库的基础上探寻英语学习者口语容易出现的失误，在课堂教学活动中做到有的放矢、善施教化。此外，教师可以根据语料库中的信息来设计教学内容，编者可以分析学习者语料库提供的信息来编制教材内容。指定教材成年累月的教化导致教师和学生对教材有了固定思维，这也在一定程度上阻止了学生和教师对口语语料库的使用，语料库中的语言材料并不像指定教材那样"系统化"，而是"零碎的"。所以教师和学生既要使"双主体"作用得到有效发挥，也要不断改变各自的观念，只有这样英语口语课堂教学质量才能快速提升。

3. 口语语料库在课堂教学中的运用

除了教科书之外口语语料库也是学习上的一个有效辅助，所以在讲授教科书课文的同时，让学生更多地了解以英语为母语的本地人在同等的语言环境中交流方式也是非常有必要的。通过比较教科书课文和语料库的内容学生会有更深刻的认识理解。语料库中多元化且直观的语言素材大大地启发了学生表达的欲望，学生想要表达，有语言可以表达，完成了激发学生积极发言的教学目标。语料库作为一种重要的学习手段为学生提供了一个可以自主学习的平台。学生可以在语料库自主查阅自己感兴趣的话题资料完成语料积累，这样的学习方式使自主学习的能力和主动性大大提高。

（四）对大学英语口语教学的启示

分析不是英语专业的一些大学生的英语口语语料库的检索结果，有助于精准彻底地了解这类学生口语表达中出现的问题。吸取经验后想要提高口语教学水平，避免学生口语表达失误需要从以下几个方面入手。

（1）句子与句子间逻辑关系的表达是话语连接词来完成的，连接词使语言更加连贯。在教学过程中，教师不能只注重分析语言形式和语法词汇，还要对内容和语篇结构加以分析，带领学生理清英语文章发展结构。理解整篇文章的内容是重中之重，学生对作者说明主题的方法、段落和句子间的连接、转承方式进行全方位的仔细分析，有助于其感悟英语表达的技巧，使学生条理清晰进行语言表达，同时口语语篇能力也有所提高。

（2）在日常交流中经常出现的标记语，其中就有口语小品词，它是话语标记语的一个分支，是无法复刻的交际功能。所以在教学过程中教师要及时讲解小品词功能，提醒学生关注小品词的使用规律及功能，使学生在口语交际中掌握小品词的使用方法并能灵活运用。

（3）在教学中导入词块并培养学生词块意识，学生的词汇搭配能力对于他们说出地道的英语是非常有帮助的。词块是具有一定结构、表达一定意义、容许不同抽象度、频繁使用的多词单位。如果学生在平时的阅读学习中积累了丰富的词块，那么在语言表达时就能特别的流利通畅且地道。因此在教学过程中教师的首要任务是要使学生课文学习中敏感地感知到词块并且能灵活运用。其次，教师可以向学生展示词语的典型搭配，这些可以利用索引工具，运用语料库中的真实材料找到，学生通过学习英语习惯中规定的结构和搭配，接受和运用符合本族语习惯的词块，避免母语造成干扰。最后，有了丰富的词块输入，教师在此基础上为学生举办更丰富的语言活动，这些活动的举办提供了许多机会帮助学生输出语言。因此，可以说语言的输入与输出是互相推动的。

（4）如今学生的口语表达越来越书面语化，针对这样的现象教师课堂上尽量使用口语教学。此外，教师在教学中提供真实、丰富的口语语料，这些语料要与学生水平一致，学生有了更多的机会练习口语，大量的口语练习使他们能够区分口语和书面语。

（5）在教学中，教师需介绍完整性交际策略，使学生自主地养成正确使用交际策略的习惯。教师应寻找材料能体现交际策略的"真实"听力和口语，把合理地使用口语交际策略的语言输入和范例提供给学生，创设诙谐幽默的语言情景，引导学生勇敢地表达、多多益善；强化训练交际策略，特别是成就策略，他是以第二语言为基础的，如英语转述策略、近似策略、停顿策略和副语言策略等，使他们的口语表达更加流利和准确，促进语言的学习和获得。通过观察和分析学生的自然语料，教师可以尽快掌握学生口语表达的特点和常常出现失误的地方，也可以全面地了解学生口语学习过程中存在的错误和一些问题。口语课堂教学活动做到这些才能因材施教，学生在掌握规范、地道的英语方面能够得到帮助，其口语表达能力越来越棒。

三、语料库在英语写作教学中的应用

（一）语料库在英语写作教学中的优势

1. 语料库可以提供大量真实的语言素材

培养学生的语言运用能力是英语教学的目标，学生通过学习学会运用鲜活的语言进行良好的交际。在语言教学中"真实性"也是交际活动中的最基本概念。让学生在参与相应的活动时使用目的语，学生自信心得到加强，这是交际法所强调的。要想让学习者接触目的语文化并对其有强烈的兴趣，那么就应该在实际语境中运用语言。首先，相比起为口述目的语特点所编制的语言，为了交际目的而在实际中运用的语言更有趣，学习者会有更大的学习动力；其次，运用实际语言使学习者更容易学会语言。其原因在于实际运用中的语言为学习者提供较为大量的"语言大餐"，同时还激励学习者穿过语言表层结构探索其中的内涵。没有语料库之前，语言描述大多来自本族语者的直觉和内省。有一些语言学家一直认为语言学习和语言学的理论描述是建立在真实数据上的，不是随意捏造的，这些语言学家一致认为语料库是非常有用的资源。语料库含有丰富的语言数据以及有关语境方面的信息，这是语料库方法最大的优势，也对分析语言数量和质量有很大的帮助。所以语料库比以英语为母语的本地人的直觉更加靠谱。

2. 以真实语言作为输入材料更有利于语言产出

语言就像是文章的建筑材料，没有这些建筑材料无法搭建成好文章。写作其实是语言输出，结合语料库与英语写作教学可以促进学习者接触丰富而又真实的语言材料，激发浓烈的学习兴趣，有助于学生明白输入的意义，由此输入变成可理解的输入，容易让学习者习得。同时，也使学习者通过这种教学方法学习到新的语言知识，使他们原有的语言假设被不断改正和调节，从而提高其语言能力。

英语教师应非常关注语料库中丰富自然的目标语语料及其有关知识的输入，提示学生在实际语言情景中使用。学习者由此可以一目了然地明白在各种不同语境下目的语中某个词的详细用法和不同体裁的文体特点，从而学生的第二语言的词汇量、语法知识得到积累等，这对学生写作能力的提高有很大帮助。何中清认为"只有当学习者有机会进行'可理解性输出'时，有意义的语言习得才得以实现"。[①] 何中清论述了输出在二语习得过程中所起的作用：首先在语言输出的基础下学习者有机会进行有意义的练习，实现语言在语言资源许可的范围内自主化的目的，它与语言的流利性相关，与准确性无关；其次，学习者在语言输出的推动下开始了解他们以前不懂或只了解其中一小部分内容的事物；第三，输出有机会验证假设，为了判断某假设是否能够奏效，学习者会使用多种表达手段进行尝试。通过发挥语言功能性和交际性作用的输出而实现语言习得。换句话说，双语教学需要教师提供恰当的时机给学生，他们利用新的语言形式进行交流，同时也要营造一种他们觉得交流是有意义的愿意交流的氛围，学习者需要有说出或写出新的语言形式的机会，以便修正和调整他们原来的语言假设。

（二）基于语料库的英语写作教学

1. 准备

在准备阶段，要求教师对语料库及其使用情况做到了如指掌并能熟练使用；要求学生了解语料库的界面和基本构成；要求在语言实验室向学生介绍语料库。这样一来教师在对语料库进行讲解的同时，学生可以立刻进行实际操作，这对学生提前学会其基本使用方法有很大帮助。

2. 实施

在做好了基础准备之后，接下来是实施阶段。首先在该阶段，教师要在课堂上简单地介绍一下语料库的作用，同时，提问学生思考并探讨语料库在写作练习中具有的功能。具体的操作步骤是教师可以布置一些练习，先将学生分组以小组的形式完成练习，然后再让学生自己完成练习，通过这种方法使学生养成独立使用语料库的习惯。最后教师一定要在课堂上给学生留下一些如使用语料库来查找特定词语的表达方式等的写作任务。这不仅使学生学会使用语料库中的数据分析自己在作文中的错误，而且培养了学生的语言意识。为学生在搭配、风格方面设计练习，让学生在语料库中找到相同或相似的学习材料。这样一来，既可以学习普通词汇的搭配，也可以慢慢了解语料库的使用，把词汇学习放在句子甚至课文中，为他们打下坚实的基础。

[①] 何中清. 功能语言分析视角下的学术英语研究——发展、理据和应用[J]. 外语学刊，2019（01）：18-24.

在以后教学过程中，不应该使语料库的使用被词汇层面限制住，而应立足于语篇层面。由于汉语和英语部分的差异很大，汉语是意合的，是通过意义关系使语篇连贯；而英语的形合是通过外在的连接来衔接，所以需要关注衔接这个方面，也是中国学生写作中难以达标的一关。因此，在英语写作教学中，教师应正确解释英汉语言的差异，特别是向学生介绍写作中所体现的语言差异。学生通过了解这种差异加深了对语言的理解，这对学生学习好英语有很大的帮助。同时，语篇结构也是需要注意的。教师在教学指导中应指出这一方面，并设计相应的练习，使学生能够利用语料库来理解语篇的差异。

在校期间，学生只能接触到单一类型的语言风格和相对有限的语言，因此他们的语言知识输入不足，写作时往往写出一些空洞的东西。在语料库中，各种体裁的特点和用词特征可以通过观察和数据统计来了解。注重体裁教学，此教学方法可以指导学生的体裁学习。分析和研究不同体裁学生可以掌握不同体裁的特点，通过对比不同的体裁，分析语言策略和语言特点，了解不同体裁的相同点和不同点，从而将它们应用到自己的写作实践中去。

3. 评估

在这一阶段，教师应组织学生讨论语料库的知识、使用过程中碰到的问题、得出解决方法，从而更好地探索语料库的使用价值。在此过程中，还应评估写作任务的完成情况。评价作为一种关键的学习途径应该应用到写作任务中，教师可以组织学生评价自己和他人的写作成果。

4. 自建小型写作语料库

教师在教学的过程中使用语料库的同时，不断引导学生试着建立自己的写作语料库。让学生利用自己的语料库尝试分析之前作文中经常出现的错误。在教师的督促下学生自建的语料库也在不断丰富，将容易出错的陈述或漂亮句子的例子放置到自建语料库以供学习和参考。学生可以使用现有的软件进行学习活动，避免了人工逐字输入的麻烦。在英语教学中语料库被全面应用到几乎所有方面，基于真实可靠的自然语料库的语料库在语言学的大部分研究领域都具有很大的实用功效。当然，语料库在英语写作教学中的运用具有重要的意义。语料库这种教学工具对学生提供准确的写作语言有很大帮助，包括连贯的文章结构，文章内容的丰富性。当然，在写作教学中应用到语料库的地方还有很多很多，语料库的教学效果需要时间一步一步地去验证。

四、语料库在英语翻译教学中的应用

（一）词语的英汉对译

为什么学生在翻译实践中不能使用他们的词汇？事实上，最主要的原因是，大多数的英文和中文单词不能一字一句地对应。通过大量的具有真实语境的平行语料库实例，学生可以在不同的语境中掌握同一词的不同翻译。例如，用"克服"这个词，学生们会脱口而出"overcome"，因为它的英文翻译，如：

人们用这些小玩意儿克服沉默，与人交往。

英译：People use the gadgets to overcome their reserve and make cont act.

（二）固定结构的英汉对译

英汉两种语言中都有一些经常使用的句型和具体的结构。如何处理具体的翻译不是一句或两句。实际上很难解释清楚在具体翻译时该怎么处理，通常，平行语料库可以帮助学生双向掌握两种语言，这是有严格要求的。以下是"把"一词的翻译。如：

（1）它会把我们带到哪儿呢？

英译：Where would it take us？

（2）最好把沙拉碗弄成彩色的。

英译：Try to get a little color into your salad bowl.

（3）我们把汽车停在她的房子外面，坐在车里谈心。

英译：Parked outside her house, we sat in the car and talked.

（4）他用双手把我抱了起来，并送我回了家，我记得当时认为他是那么高大和强壮。

英译：He scooped me up and carried me home, and I remember thinking how tall and strong he was.

（5）每天我快快乐乐地下山把垃圾倒在堆肥堆上。

英译：I delighted in my daily trip down the hill to dump the refuse on the pile.

（6）她把那首诗放在钱包里作为精神支柱。

英译：She is carrying it in her wallet for moral support.

以上实例表明，平行语料库在翻译教学中的应用，能真正意义上帮助学生解决翻译实践中遇到的实际困难。目前还有很多语料库在使用中受到一定的限制，而在线语料库中的语料有些匮乏。语料库语言学也在持续的建设过程中，在翻译教学中，平行语料库有更大的发展空间。

五、语料库语言学在大学英语教学中的意义

（一）语料库语言学在词汇教学中的运用

英语教学的根本是词汇学习。教师以往授课时一般会花更多的时间来解释单词的声音、形状和意义，并敦促学生加深记忆。因此学生掌握的词义和用词才会单一，僵化，用词受限。有些学生甚至会在汉语中找到相应的单词来记住，这既白费力气，又容易引起误解。词在现实语境中并不是孤立存在的，而是在与其他词的结合中产生共同的意义。这在语料库语言学中被称为词语的"结伴关系"或"共现关系"。在统计定量分析的基础上，只要一个词和另一个词的一起出现的次数符合特定的标准，它们就可以被识别为一种搭配关系。查尔默进一步将词语搭配定义为"以等同形式超过一次重现，并构成良好语法的词汇系列"，同时考虑到了搭配中的语法因素。这两种观点都强调了掌握词汇学习情境组合的重要意义。学习者能够熟练运用典型的搭配是学好英语的关键环节。在现代教学中要使用语料库，词汇教学不仅仅是对词汇的简单解释。

基于语料库语言学的词汇教学的使用方法是：将要教的单词作为节点词输入到搜索框开始搜索，并找出语料库中单词的全部搭配词。在索引的每一行中，节点词是居中的，构成其语境的左右词语叫作"跨距"。在统计中，教师应排除偶尔出现的词语。只有那些重复与节点词一同出现的词才被识别为典型搭配。事实证明，节点词的真正含义就是"存在于与之结伴的别的词项之中"，节点词丰富

的意义来自于典型的搭配。通过分析典型搭配，教师可以表达节点词的意义和用法，学生对节点词有了更深刻的感悟。目前，在词汇教学中引入语料库，不仅可以使教师摆脱复杂的词汇解释，提高教学效率，对学生从被动学习转变到研究性学习颇有益处。

（二）语料库语言学在语法教学中的运用

语法与词汇实际上呈现的关系是"相互渗透"的关系，这是当代语料库学家辛克莱的看法。单词有一个有意义的潜势，同时在搭配和使用上它们也有语法潜势。这两种潜势建立了一个比较固定的词汇和语法系统并呈现在语言交际中。在语言使用中这一系统叫作"共选关系"，即"一定的词语和意义总是以一定的语法形式表现出来；一定的语法结构也总要以最经常和最典型的词语来实现"。因此，词汇教学与语法教学密切相关。在词汇教学中的语法教学也应用到语料库，这挑战传统语法教学观念。传统的语法教学坚持"规定性语法"的教学模式，注重句法结构的解释。而现代语法在语料库教学的基础上，更注重语法和词汇意义上的"共选关系"，在"描述性语法"的教学理念上更加侧重，以丰富多样的语料库呈现搭配中的语法规则，更关注语言的辨析和准确性，使学生认识到更真实的英语，增强学生的语言交际意识。通过语料库分析，我们可以看出，在语言交际中，选择句型并不是为了验证或使用特定的句型，而是为了填充单词；为了准确表达一种意义，人们总是选择最恰当的词汇和句法结构。可以说意义总是第一种，形式是第二种。

让学生学会地道的语言是语言教学的目的。一些语法学家凭借自身感觉来制造、编造和自制句子来说明和论证一个理论框架没有多大的有效性，而且在很大程度上，他们可能会在实际的语言操作上强加入人为的结构，这会扭曲真实语言的操作。现代语法教学以真实语料库为语法解释的基础避免这种人为的捏造和扭曲的现象出现，即"自然发生数据"。在这种全新的描述和解释下，巨量的句法结构记忆不再是学生的限制，在语法学习上学生们变得更加积极。通过语料库的使用，教师可以指导学生自主分析和总结语法规则。研究句式的演变趋势使语法教学避免成为一种灌输性的解释，变成一种探索性的研究。

（三）语料库语言学对英语教学其他方面的意义

在修辞学和文体学的教学和研究中，借助语料库中生动的文本和自然的口语数据，能够收获海量的材料。例如，在特定的语境中，如果文本中重复出现一些属性相似的词和关键字，关键词也就会具有相关的语义特征，这就是人们常说的"语义韵"。因此，学习者要想知道文本的修辞，只需搜索一个关键词，然后在语料库中选择相应的文本进行语义分析；如果是文学文本，则可以推断出文本的社会时代、写作背景、思维动态等信息。因此，语料库对文学教学中的段落分析和阅读理解有深远影响，语料库还促进学生积极地参与课堂教学中。语料库语言学虽然是抽象的非具体化的，但它不仅在高校英语教学中实用性超强，在一些中等职业学校的英语教学中也发挥着实用性功能。时代在不断进步和发展，语言学在人们生活中出现的频率日趋增加，促使人们认识到语言学科的重要性。

综上所述，随着科技和信息技术的蓬勃发展，语料库语言学对高校英语教学发挥了巨大作用。语料库语言学不仅给语法、词汇、修辞学、语言学等学科的教学带来了深远影响，更促进了英语教学观念和方法的更上一层楼，丰富了课堂教学信息，提高了学生在自主创新方面的能力。

第三章 大学英语知识教学

我国高校在考虑本校实际情况的基础上，于英语教学的新时代勇敢地摸索前进。教师应该为不同专业学生开设相应的类型课程，目的是培养学生的语言知识能力，成为优秀的运用语言复合型人才，使中国的大学英语教学能够更好地适应社会经济发展的需要和经济全球化趋势的挑战。本章主要内容为大学英语知识教学，详细介绍了大学英语听力教学、大学英语口语教学、大学英语阅读教学和大学英语写作教学。

第一节 大学英语听力教学

一、英语听力教学面临的问题

（一）听力学习方面的问题

1. 语言知识障碍

（1）语音障碍。有些学生对单词发音掌握不准确，特别是那些发音非常接近的词语，通常无法及时区分开。

（2）语速障碍。一般来说，教师的授课语速相对来说比较慢，于是学生就养成了适应这样语速慢的习惯，导致他们只要一遇到语速快的听力就无法及时做出调节，尤其对一些连读、重读等变化，一时就会表现得手足无措。

（3）词汇障碍。学生掌握的英语词汇量与不熟悉词汇相比还是少一些的，不熟练、一词多义等情况都有可能导致学生理解上的偏差。

2. 母语干扰

相当一部分的大学生在接收到语音的刺激之后，都习惯用母语的习惯对其进行翻译之后的直接理解，而没有经过一系列复杂的按照英语的习惯将其进行转化场景后的程序再理解，这样的方式基本上都是由于受到母语的负迁移影响而导致的，忽视了对英语思维的直接应用，从而使得最终的听力反应速度和记忆力都会受到不同程度的减弱。

3. 教学设计不合理、形式单一

从教师的角度来说，在大学英语教学阶段，很大一部分教学是没有提前给学生安排相应的听力教学，即使有，形式也是相对比较简单的，并且在课程的难易程度的设置上也是不太科学的，这一系列的原因都导致了课堂听力教学活动不能流畅地进行下去。因为每个学生的接受能力是存在一定差异的，而有的教师却不能正视这种差异，为了保持教学的一致性他们甚至会直接将听力材料公布出来，而且后续也没有进行相应的辅助活动，可想而知这样的对照式听力训练是很难使听力得到有效提升的。

4. 听力教学目标不明确

如果要想保障听力可以顺利进行下去并确保最终的听力教学是成功的，与明确的教学目标和要求是分不开的。

在进行听力训练的过程中，教师相对于学生来说还是占有绝对的主导权的，如果学生在学习过程中遇到了问题是可以及时反馈给教师寻求帮助的，以便将问题集中体现出来。但是也有部分教师在制订听力教学计划的时候，为了照顾大部分学生的学习进度而忽略学生间的差异性，从而使用一些过于笼统和概括性的词汇，如理解文章大意、听懂材料、完成目标等，这样的教学目标是缺乏一定的针对性的，由于缺乏阶段目标而只会是"眉毛胡子一把抓"，这样的教学效果也是无法令人满意的。

5. 忽视听力训练

大学阶段之所以进行英语的听力训练，主要是为了让学生获得更多的实践练习的机会，从而掌握有效的方法，这样效果也会得到明显提升。只是有些大学英语教师在进行听力训练的过程中，由于无法系统地进行选择性的精细听力训练，而且也缺乏一定的针对性，对学生反馈的学习问题不能进行及时反思与解决。这主要是因为大学英语教师受传统教学模式的影响还是很深的，他们觉得只要多加练习，听力能力就能有效提升，殊不知这并非一个必然的因果关系。而且这种训练方式对学生来说也是比较枯燥和乏味的，这样的教学效果也是可想而知的。

（二）教师方面的问题

目前，大部分高校的英语教师基本上都将对学生的知识传授看成是听力训练的重点，而相对忽视的对心理素质方面的培养却恰恰是听力教学所需要的。由于这种状况的存在，有一部分的学生也会由于负面情绪的影响而导致他们在接收到听力的信号之后没有办法在最有效的时间内给出反馈。如果教师无法及时发现和帮助学生战胜这种学习过程中心理上的不安情绪，就会使得学生的听力学习无法达到预期的目标。有关听力方面的研究一直在持续，其中有的学者就从心理的角度对影响学生的听力因素进行了分析，结果表明，很多学生的听力能力在训练初步进行时是在同一起跑线上的，但是每个学生的心理素质是有差异的，如果学生的心理素质水平不是很好的话，在进行听力训练的过程中就会表现出极度的焦躁甚至是抗拒的心理。这样一来，与那些心理素质表现良好的学生进行对比的话，最终表现出的学习效果天壤之别。从这个角度来说的话，教师在对大学生进行英语听力训练的时候，不仅要关注他们的学习能力的强弱，更重要的是要特别在意对他们心理素质方面的塑造，如果发现有学生在学习过程中产生不良情绪反应，要及时提供帮助使其缓解，以保证最终的教学效果令人满意。

对大学英语听力教学产生影响的因素是多方面的，不只有心理方面的因素这一种，更重要的还有教师对学生的听力技巧训练方面的缺失。这样的后果无疑就是学生在听力训练过程中缺乏足够的目的性，这也会导致最后的学习效果无法达到满意。

（三）学生方面的问题

目前，制约我国大学生英语水平提升的因素是听力能力的不足，而且这个问题表现得越来越明显。其实只要仔细分析，我们不难发现其中的原因可以从以下三方面分析得出。

（1）大学生平时的阅读知识面比较有限，导致了他们对英美文化的认识和了解只处于表面，这就对其英语水平的发展起到了一定的阻碍作用。如果学生没有办法从根本上了解英美国家的文化，那么他们对这些国家的思维方式和价值观也就不能很好地理解，就会在一定程度上阻碍听力能力的习得，也会影响对听力材料的理解。

（2）因为我国的英语教学过程受到传统教学模式的影响相对明显，所以目前全国范围内的相当一部分大学有关英语听力方面的训练比较欠缺，再加上教学条件的限制，学生听英语的时间是比较少的，而且也缺乏必要的进行英语听力训练的环境，这就使得即使开展有关英语教学方面的研究，但是母语思维的负迁移作用一直表现得比较突出。我们需要明白的是这两种语言在表达上是存在很大区别的，只不过这种对母语的过分依赖对开展英语教学是没有多少正面影响的。如果时间长了，还会使得学生的英语听力水平越来越低，而社会对学生的听力能力的期望和要求越来越高，等到这两者之间的矛盾达到顶峰无法调和的时候就会造成英语教学系统的崩溃。有些大学认识到了其中的利害关系，在学校的广播站开展了一些校园广播节目，希望这些资源可以得到学生的充分利用，以改善听力训练少的状况。

（3）大学在进行英语听力教学的过程中会受到来自各方面因素的影响，而这些因素有内部和外部之分。其中，起到重要反面影响的内部因素是来自学习者心理上的抗拒。目前，全国范围内的大部分高校依然还很看重大学生英语四、六级考试的成绩，因此将是否通过四、六级考试作为衡量学生英语能力的指标，这显然具有一定的片面性，而且从对英语水平的掌握层面来说是不科学的也是不可取的。正因为学校过分看重，所以才使得学生也产生了理解上的误差，认为应试才是英语学习的初衷。还有就是大学英语四、六级考试的重点集中在对学生所掌握的基础语法的检测上，而有关听力测试的方面涉及的很有限。针对这种情况，有的学生就干脆采取迂回的考试策略，他们"弃车保帅"，认为自己的英语听力能力本来就不是强项，而且如果想要在短时间内得到提升需要花费大量的时间和精力，但是大学阶段的学习时间本来就很紧张，所以他们宁愿选择所占比例比较大的阅读理解来作为主攻方向。这样就算在最后的考试过程中即使听力方面的成绩不理想，也可以通过阅读理解来进行弥补，只要整体达标就可以了。如果从英语教学的整体目标来看，这是一种非常不可取的学习方式。

二、影响听力的因素

在很大程度上，听觉能力可以用来衡量一个人掌握语言的能力，这个过程完全处于一种看不见的状态。但事实上，大学生在学习和培养英语听力的过程中会受到诸多因素的限制，将这些因素归纳为主客观因素是较为常见的分类之一。

（一）影响听力的主观因素

在英语学习过程中，大学生受到主观因素的影响，可以从以下几个方面进行分析。

1.学生的语言水平

影响学生语言水平的因素主要来自于他们自己掌握的的词汇和语音知识的影响，它们是非常重要的方面。

（1）词汇量

从理论上来说，如果学生积累了大量的词汇，他们在听力练习时可以通过了解关键词的含义来对内容进行推理，然后得到他们想要的答案。可见，词汇量已成为影响学生听力能力的关键一环。一些研究甚至表明，一篇听力材料中有三分一的词汇是生词的话，学习者就比较抗拒继续听下去。例如，英国和美国两个国家也用不同的词来表达同样的内容，比如在表达"洗手间"这个意思的时候，英国人一贯使用toilet，而美国人更多地使用washroom，如果学生不是很详细地明白两者的差异，那么当学生在听材料时由于词汇量不足导致无法正确理解文章的意思，听力水平相应地难以提高。

（2）语音方面的知识

学生在学习有关英语听力方面的知识时也要兼顾英语发音知识，正确的发音是顺利沟通的前提条件。很多学生都会遇到这样的问题：他们在听力材料中遇到自己文字中很熟悉或知道的单词或短语，但是在听力中却变得难以分辨。其实，我们不难发现，根本原因仍然在于发音。由于学习者的初始发音并不是正确的且未被纠正,所以当他们理解整个听力材料的内容时,就算他们理解熟悉单词的含义也无法把握整篇文章的意思。造成这一结果的主要因素有学生的恐惧心理、方言的影响、语音知识训练的忽视等三个方面。

2. 背景知识

通常,语言代表着一个国家的文化内涵,是一种外在的文化形式,国家的文化内涵在语言之中渗透,所以学生一定要深入地理解一门语言的民族文化和背景,这决定了他们是否能熟练的学好一门外语。此外,学生还要重点了解一个国家的文化背景和风俗习惯等内容。对于学生来说,如果他们没有足够地掌握异国文化,这将极大地限制他们听力水平的提高。

3. 学习者的记忆力与注意力

(1) 学习者的记忆力

从认知心理学的角度出发,我们将一个完整的听力理解过程看成是由一个短期记忆、长期记忆和感知记忆共同作用的体系。我们需要注意的是,在这一体系中比较具有突出作用的是感知记忆,其作用主要是用来接收信息。信息虽然会源源不断地向我们进行传输,但是我们接收到的信息却是相对有限的。这个感知信息的过程就可以看成是感知记忆发挥作用的过程,有一部分的信息会在感知记忆阶段被识别出来,然后再通过感知材料和长期记忆中的某些信息的共同作用形成一个对语言进行编码的过程。而这种信息编码的过程可以在两种方式的作用下达到短期记忆的目的:其一是那些经过识别的信息可直接进入短期记忆,可以直接转化为短期记忆而被接受;其二是如果感知材料与长期记忆的信息发生了某些联系的时候,一部分长期记忆的信息就可以实现向短期记忆的转化。而这个过程中转化为短期记忆的信息就可以看成是备受关注的信息和可以通过语言形式表述出来的信息。关于这方面的信息,很多学者都对其进行了研究和讨论。在他们看来,学习者的短时记忆是在听力水平过程中起到主要作用的影响因素。也就是说如果一个学生的短期记忆力非常好的话,那么他就会在进行英语听力的过程中识别出很多细节上的东西,其对听力材料的理解也会比其他人出色一些。

(2) 学习者的注意力

注意力是一个很抽象的东西,不可能通过观察来进行细致描述,甚至也很难对每一个细节做出解释，于是久而久之人们就逐渐淡忘了这一因素对学习者英语听力水平所产生的影响。但是学术界有关注意力的研究一直没有停止过，很多学者都有自己不同的见解和认识。其中具有代表性的理论要数鲁宾（Rubin）了，他经过研究后发现听力训练者在听材料时的注意力会对记忆力产生一定影响，再扩展开来的话就上升到了对整篇听力材料内容的理解层面。此外，认知心理学理论也认为人们是可以对听力材料进行适当加工的，而这个加工过程又有自动过程和控制过程的区别，这两者之间是存在一定差异的。自动过程比较容易实现，不会浪费太多的精力和时间；而控制过程则需要注意力方面的参与。只不过还有一种例外的情况，那就是当自动过程处于一种比较低的程度的时候，注意力是可以发生质变然后直接作为控制因素来进行使用的。

4. 情感和心理因素

学习者的听力水平的高低不仅受到外界因素的影响，其自身内在的情感和心理上的因素也成了制约学生听力水平提高的重要方面。心理学家表示，如果一个人是处于非常焦躁、惶恐的状态下的时候，心里就会产生一种无法安静的情绪，如此一来，就算是原来可以听懂的简单内容也会变得难以听懂。

（1）学习态度

态度是开展一切活动的前提，良好的态度造就美好的结果。学生进行的英语听力训练是一个需要和学习过程进行互动的学习过程，如此一来学生对听力学习所持有的态度就发挥出了重要作用。从某种程度来说，一个人的英语听力水平的提高与其自身所付出的努力和关注度成正比。也就是说，学生只有以积极的态度全身心投入到学习过程中，才有可能战胜其他一切外来因素的干扰，将主观能动性发挥到极致，从而最终使得英语听力水平实现平稳提升。

（2）学习信心

信心对想要达成某一目标来说具有很强的心理暗示的作用，也可以说是取得成功的重要条件。虽然我们知道，英语听力学习不是一个简单的过程，在其中会遇到来自多方面的考验。这时候就需要学习者坚定自己的信念，相信自己可以完成目标并取得最终的胜利。反之，如果学习者在英语学习过程中一遇到挫折就开始打退堂鼓，觉得自己是不可能做到的，怀疑自己的能力，那么最终还真的有可能是以失败告终的。映射到英语听力学习中也是如此,如果一开始就没有自信,对所听到的材料内容持怀疑的态度,那么日后想要使得听力水平获得长足发展是有一定困难的。

(二)影响听力的客观方面的因素

不难看出提升听力水平的客观影响因素主要有两部分,分别是听力材料和外部环境。

1. 听力材料不足

从目前大学英语教学水平来看,高校英语教师在英语听力教材的选择上是比较自主随意的,缺乏系统全面的分析。这就造成一部分听力材料与学生的能力水平不相符。鉴于这种情况的出现,教师有必要根据学生的实际水平选出一些与他们能力相符的听力练习材料,否则即使多做听力练习,也会是无用功。听力材料通常不符合教学要求,极大地限制了我国大学生的听力水平的提升空间。

2. 环境因素

高校在制定英语教学计划时会确定好总课时,可以用来进行英语听力训练的时间有一定的局限性,基本上是没有的。鉴于这种情况,如果英语教师想让学生提升自己的特定环境英语听力水平的话,他们只能靠自己想方设法找到一些空闲的时间来培养学生听力。此外,班里的学生人数众多,老师是兼顾不到每个学生的,这也可以看出对教学效果的影响。

三、大学英语听力教学的内容与目标

英语能力包括听、说、读、写、译五个方面,从中可以看出听力在英语教学中的重要地位,学生英语听力水平的提升在学生的英语综合水平的提高方面发挥着一些重要作用,接下来从英语听力教学内容和目标两个方面进行分析。

(一)大学英语听力教学的内容

英语听力的教学内容也会随时发生变化的,它会受到改革进程影响而发生变化。听力技能、听力知识和听力理解这三个方面是新阶段的英语听力教学内容。

1. 听力技能

有时候大学生英语听力技能决定着大学生英语综合水平的提高。一些有效的方法和技巧能够保证今后学生跨文化交际能力在一定程度上的提高。

（1）基本听力技巧

猜词的意义是听力技巧的主要内容，然后根据听到的单词联想和猜测上下文的意思。正确的听力技巧的掌握可以帮助学生在规定的时间内有效提升听力水平。例如，在与他人交流或练习听力材料的过程中，学生可以根据说话人的一些微观表达大胆猜测，对句子或文章的意义进行推理。从这个角度看，培养学生的听力技能是必要的。

（2）基本听力技能

基础辨音、辨别交际信息、理解细节、大意理解能力、记笔记以及选择注意力等是听力技能的一些主要能力。教师需要认识的是，提高听力水平的过程，需要教师提供一个长期有针对性的培训周期，一点点慢慢来提升，短期内不可能获得良好的效果。此外，还应关注每个学生的不同个性特征。因为每个学生都是独立的个体，他们每个人的英语能力各不相同，所以教师也应该兼顾到每个人的个性教育。

2. 听力知识

听力基础知识是学生英语听力技能培养与提高的基础，主要包括语音知识、语用知识、策略知识、文化知识等。

3. 听力理解

我们在进行英语听力训练的时候，需要在心里有一个清楚的认识，那就是不管进行听力知识学习还是听力技能的锻炼，最终都是为理解文章做准备的。语言的应用过程是非常复杂的，会根据适用场合或交际目的及对象的不同而发生一些变化，从而其中的意思也将会是不同的。因此使学生在交际过程中能正确理解对方的语义成了英语听力教学中的一个难题。这就要求教师在开展英语听力教学的时候不能只让学生将注意力集中在理解字面意思上，学生的能力应该上升到理解单词或句子背后的深意的层面，从而使得其英语综合能力水平实现大幅度的进步。总体来说，提高英语听力水平的措施可以从以下三个阶段入手，即辨析、重组和评价阶段。只不过这三个阶段是一个不断进步的、不可逆转的过程，任何形式的听力练习都需要经过这样一个过程才能对学生有实质性的帮助。

（二）大学英语听力教学的目标

对大学生进行英语人才的培养还需要依赖对听力教学的支持。教师在实施教学的过程中需要时刻以《大学英语课程教学要求》的规则为前提，从而使得教学的方法和目标做到有据可依。而《大学英语课程教学要求》也对大学生英语听力教学所要达到的目标进行了划分。

1. 一般要求

（1）基本理解英语课堂内容。

（2）运用简单的英语听力方法进行听力练习。

（3）语速适中时听懂（每分钟 130—150 词）的英语广播和电视节目，基本上理解中心思想并概括出大意。

（4）可以听懂日常的英语对话和知识讲座。

2. 较高要求

（1）可以基本上听懂英语环境下的专业课程讲授。

（2）可以基本上听懂理解范围内的篇幅较长的英语广播和电视节目，语速达到每分钟 150—180 词，可以掌握细节，理解重点。

（3）可以听懂英语谈话和讲座。

3. 更高要求

（1）可以基本上理解英文类的广播或电视节目的大意。

（2）基本理解以英语进行讲解的专业课程或讲座。

（3）可以听懂以英语为母语国家的人的交流和谈话。

以上三种要求是对大学生英语听力教学目标的一种简单的划分方式，不过从中我们也可以粗略看出英语听力的重点还是围绕对听力材料的理解和运用展开的。针对这一点，大学英语教师在进行听力训练设计时就需要以这点为根据对教学活动进行科学整合，以达到教学效果有效提升的目的。

四、大学英语听力教学新方法

要想取得科学的英语教学提升效果需要找到合理的方法指导大学英语听力教学。在高校英语教学的改革进程中，研究英语听力教学方面有所加深。但是，这是需要大量的时间来研究高校大学英语听力教学，而不是在短时间内仓促进行。同时，英语教师在听力教学中应基于实际情况找出对应方法，符合实际教学条件和学生的学习能力。一般来说，如果我们要划分听力教学，可以从不同的阶段开始，即初级阶段和高级阶段。了解学生在听力学习上的学习兴趣是初级阶段的主要任务，而高级阶段的主要任务则是提高知识和技能的水平。以下是提高英语听力水平的相应方法，分别从这两个阶段进行总结得出。

（一）初级阶段教学方法

语音是提高听力水平的一个重要因素，甚至是基本前提条件。语音能力主要由听音能力和辨音能力组成。在听力训练的初级阶段，英语教师应把提高语音能力作为首要任务。

1. 根据听力材料默写

在听力训练中，默写出所听内容是有效促进听力水平提高的一种方法。然而，值得注意的是，在听音和默写的过程中，实际上学生也开展了一系列认知活动。对于学生来说，听音和默写的作用既可以训练听力水平，又可以在听力的过程中很快识别其含义，可以说是一石二鸟。在听音和默写的过程中，学生既练习了发音，也巩固了对单词的记忆。此外，该方法也可以用于句子和段落的听力训练。这就要求学生在整个过程中更加专注，并迅速从脑海中的知识库中调取出相关信息，从而不断提高自己的能力。

2. 根据单词辨音

培养大学英语听力水平需要有丰富的的词汇量作为强大的支撑。学生理解听力材料中单词的能力往往受到其掌握的单词质量和数量的约束。基于这些要求，在听力教学的过程中更要关注学生的词汇教学。

3. 听和音的匹配

听力和声音的匹配主要体现在文字和图片上。匹配可以用于听力的前、中、后三个阶段过程，其中，活动前的匹配是为以后的听力训练的提高作一个铺垫。形式是活动中的匹配做出的特定要求，这是为后期的匹配做好了准备。

4. 行为反应

听力的实践过程实际上就是学生的反应过程，他们根据所接收到的不同信息然后经过识别后做出相应的反应，并使交流可以持续下去。所以在实际的教学过程中就需要在行为反应方式的帮助下对学生的听力能力展开训练，以便为日后的交际打下坚实的基础。

5. 根据声音观看影片

英语对于我国来说是一种外来语言，是作为第二语言来进行学习的，这就导致了在实际的英语使用过程中缺乏一定的语言环境的支持，这就在一定程度上影响了学生对英语的学习兴趣。而学生对英语听力的学习兴趣直接影响着最终教学成果的好坏，可见，在实际的英语听力教学过程中调动学生的兴趣和积极性是至关重要的。根据声音观看影片的方式是提高学生听力兴趣的一种重要方式。

在这一过程中，教师可以根据学生的能力按照以下步骤来安排教学：

（1）反复播放1—3遍录音，学生可以一边听一边跟着重复练习。

（2）在听影片的过程中，如果遇到不理解的词语要及时记下，然后在影片结束的时候要趁热打铁通过查字典的方式来找到适合影片语境的单词合理解释。

（3）教师在影片结束以后要对学生的掌握情况进行及时检测，可以使用的方法包括用英语来回答教师所提问题、将影片中的经典台词进行口译以及进行复述等形式。

（4）让学生分段听标准录音（或唱片）。

6. 排序练习

以排序的方式进行练习也是英语听力训练过程中经常会用到的一种方式，可以在一定程度上提高学生的识别和理解能力。此外，排序的方式也并不是一成不变的，而是多种多样的，排序的依据可以是事件的先后顺序、故事发展的经过顺序等，学生可以根据操作步骤进行排序，甚至还可以根据信息出现在录音材料中的先后顺序来进行划分。

（二）高级阶段教学方法

初级阶段是一个入门和打基础的阶段，其目的是让大学生对英语语音有一个初步认识，而到了高级阶段要求就会相应提升，目的也上升到了能力技能提升的高度。通常教师可以利用以下四个技巧促使能力的快速提升。

1. 猜测词义

在听力实践过程中，学生清楚地听清每一个单词是不容易做到的，在这种情况下根据词义猜测的方式进行句意的理解就显得很有必要了。

通常，在一段文章中也并不是所有的信息都是有效和重要的，学生要做到的就是能够识别和区分哪些信息是重要的，哪些信息是次要的，而哪些信息又是不重要的。一般重要的信息在文章中会反复出现，学生要注意识别。所以，即使有些信息没有听懂也没有太大关系，因为只要后面没有再次提起我们就可以将其划分到不重要的行列，然后忽略掉。但是，如果后文对它进行了进一步的解释和说明，我们就可以判定这一类信息属于比较重要信息的范畴，对其进行理解可以帮助理解全文内容。因此，面对这种词语我们再根据前后文的描述进行猜测也不迟。

2. 笔记记录

在教学过程中，教师可以基于自己以往的教学经验，给学生提供一些实用的听力记录方法。要完全记住笔记是不可能的，也没有必要，所以老师应该教学生使用一些易于使用和理解的符号或缩写，来写下时间、地点、数量、年龄、价格的关键词等与主题词干密切相关的信息，这其实也是一种速记方法。当然如果学生有自己的一套记忆方法也是可以的，同时也可以将这种方法分享给其他人。

3. 细节把握

英语的听力训练是特别考验学生对细节的整体把握的，因为有时答案可能就隐藏在问题中，需要学生足够细心才可以发现，而这也往往是学生很难注意到的。这些问题中的细节往往与五个 W（when，where，why，who，what）问题有关，认识到这些规律，就能准确理解听力的内容。在实际的练习中不妨试试这种方法。

4. 抓住重点

很多听力水平不高的学生，在听力练习中习惯将注意力平均分配在每个单词上，从而造成精力分散，无法从整体上把握句子的重点。因此，听取信息时应该有所侧重，即要听主要内容和主题问题，捕捉主题句和关键词，避开无关紧要的内容。因此，大学英语教师在进行方法传授时要让学生树立抓重点的意识，并要经常针对这方面进行练习。

第二节　大学英语口语教学

语言的交流在很大程度上是依赖于表达的，只有"说"了才能让谈话持续下去，因此口语表达也是大学生进行英语学习必须要掌握的一项必备能力，同时也是对语言考查的一个重要方面。它不仅是语言学习的基础和起点，而且还应贯穿于英语学习的全过程。

一、英语口语教学面临的问题

随着社会各界对大学生所具备的英语能力的关注度越来越高，高校范围内的英语教学改革步伐也是在不断地推进，相对来说还是获得了一些实质性进展的，但是依然有一些不足之处需要改正。英语教学依然是一个需要攻克的难题，在我国英语教学存在的主要弱项是英语口语的教学和研究。众所周知，提高口语能力并非一朝一夕就可以完成，这就向进行课堂教学的师生提出了更高的要求，教师要与时俱进改革教学方法，作为学生则要从实际出发，选择与自己相适应的学习方式。

（一）开展课堂口语活动需要注意的问题

1. 注意保持课堂的新鲜感

所有的教学方法如果失去新鲜感，那一定是长期不更新导致的，教学方法长期不更新就会造成学习的积极性下降。教师在进行英语教学时惯常遇到这样的问题，它是一个很难被解决的问题。从教师的角度看，在课堂上交叉运用多种教学形式可以增加课堂的新鲜感，有效活跃气氛，学生在参与口语活动时更加有兴趣，这有助于学生养成良好的学习习惯，参与课堂活动的频率有所提高。

2. 给出必要的关键词或句型

在现阶段，虽然大学生从中学学习中积累下一些英语基础知识，但由于中国英语教学缺乏英语口语训练，许多学生还做不到用英语开口交际。此时，教师需要引导学生挑选他们擅长的单词来回答问题并提供相应的句型和词汇。提供相关的关键词或常用句型可以帮助学生有效地完成口语训练，同时也积累了大量词汇。

（二）对教师提出的新的挑战

高校教师英语教学面临着新的挑战，英语口语训练的能力要求教师在教学过程中既要时时刻刻逻辑语言清晰又要起到特定的引导作用。此外，教师在教学中的语言要满足条理清晰、生动形象、使人如沐春风的要求。优秀的教师应该在语言、教育、演说和艺术的能力方面都很突出，教师要持续学习以更新自己的知识体系，为了应对时代的发展要提高口语水平，为了满足教授学生的要求需要提高知识水平和整体素质。

二、说的心理机制

（一）由听到说

听是一切语言学习开始的地方，在听的基础上逐步培养出听力能力，只有基础扎实，才能为后续的学习积累下知识。在这种情况下，在口语教学中教师应根据先听后说的规律使教学活动安排的更加具有科学性，学生通过参加听力训练对主动交谈有了兴趣，有了主动说话的内驱力。因此，在听力的基础上，听说结合是一种可取的方式。

（二）由想说到说明白

语言学习到了一定阶段就会有使用该语言进行表达的冲动，英语学习也不例外。当产生了想要表达的想法之后，就会开始一系列的活动，如应该如何组织语言，想要表达什么样的内容，应该使用哪种句式等。最后将这些活动串联起来就构成了语言的最初形式。

莱维勒（Levitt）认为语言生产的过程一般要经历四个阶段，即构思概念、组织语言、发出声音、自我监控（图 3-2-1）。

构思概念 → 组织语言 → 发出声音 → 自我监控

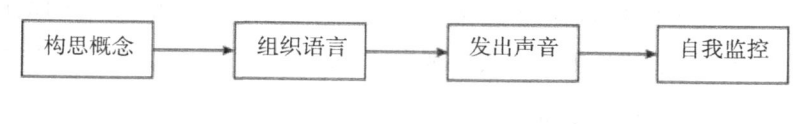

图 3-2-1　语言生产的四个阶段

通过上述阶段我们可以将说看成是一个连贯而并不是独立的一个因素就可以完成的过程，而这个过程也会随着技能的提升而不断得到优化。

三、大学英语口语教学的内容

大学英语口语教学的主要内容包括语音训练、词汇、语法、会话技巧、文化知识等。

（一）语音训练

语音是学习英语口语的基础。语音训练的目标就是掌握正确的语音和语调，包括重读、弱读、连读、音节、意群、停顿等。错误的发音或不同的语调会造成对方理解困难，甚至产生误解。

（二）词汇

词汇是英语学习的基础，无论是英语听力、阅读、口语还是写作都离不开词汇。没有足够的词汇量就没有足够的输出语料，因此就不能进行信息的交流和沟通。词汇是信息的载体，如果没有足够的词汇量，就不能在脑中形成既定的预制词块，这必然会影响英语的输出效率。有效的词汇输入是词汇输出的条件，口语交际功能的实现离不开充足的词汇量作支撑。因此在口语教学中应该加强学生词汇量的积累。

（三）语法

语法是单词构成句子的基本法则，要想实现沟通的目的必须要构建出符合语法规则的句子。只有句子符合语法规则才可以被听者理解。词汇是句子含义的载体，语法是句子结构的基础，二者必须有机结合才能实现口语表达的实用性和高效性。

（四）会话技巧

口语教学的最终目的就是为了交际，学习并运用一些会话技巧可以使交际顺利进行。常用的会话技巧主要有表达观点、获取信息、承接话题、征求意见、转换话题和拒绝答复等六个方面。

（五）文化知识

在口语交际中，文化知识也是一个不容忽视的方面，对英语口语教学产生了很强的促进作用。对文化知识的熟练掌握程度决定了学生在实际交际过程中对语言张度的把握和使用场景的决定。这就意味着，学生不仅需要掌握基本的语言基础知识，还要具备深厚的语言文化功底。其中，文化知识对语言的重要影响作用主要体现在以下两个方面：对所表达词语的意义或构成产生影响，对语言的组织过程产生影响。

四、大学英语口语教学新方法

在进行语言交流的过程中，"说"是一种自己表达最简单且对方理解起来最轻松的沟通方式，因此大学英语对学生需要掌握的听力水平也做出了相应要求，甚至将其看成是衡量所具备的英语水平的重要方面。"说"在英语学习过程中并不是以出现在某个阶段的形式存在的，而是贯穿于学习过程的始末。但是，在学习第二语言的过程中，想要在短时间内迅速提升说的能力是存在一定难度的，而且也不容易实现。这就是为什么有很多拥有英语四、六级证书的大学生，他们的口语能力远不达标的原因所在。基础知识抓得牢对后续的口语表达能力的提升有很大的促进作用，但这并不意味着拥有足够的基础知识就可以拥有良好的表达能力，这个结论是不成立的。

（一）整合性干预模式

关于整合性干预模式的构建主要是源于学习模式的改变，其不仅要考虑学生的学习环境，还要考虑这一过程对学生自我管理能力的提升。其最终目的是要对学生实现"不管"，培养其自学的意识。

1. 学习环境

我们一直都没有将学习环境对学生产生的影响放在重点位置进行考虑，并且认为其作用可能会很微小，但从"孟母三迁"的故事中我们了解到其实不然，学习环境对个人学习结果的影响还是非常明显的，古人尚且有这样的意识，在网络信息时代更是不可忽视。我们可以从以下两个方面着手。

（1）娱乐休息

学生的学习状态和情绪受到外界因素干扰影响的概率比较高，这就代表了它们成为影响学生学习过程的关键所在。如果学生长时间一直处于学习过程中就很容易造成大脑疲劳、精神涣散，进而产生一种厌学的情绪，此时就不要再继续学习下去了，否则效果只会适得其反。学生需要做的就是立刻停止学习，让大脑得到暂时休息，也可以采用放空、望向窗外、听舒缓类型的音乐等方式让自己放松下来。持续一段时间之后再投入学习中，那将会是另一番景象。所谓"磨刀不误砍柴工"也正是这个道理。

（2）实践应用

通过理论与实践的相互结合可以促使学生学习效果的提升，而且还可以利用实践来检验自己的学习效果是否达到满意。

2. 外部指导

（1）学习指南

学习者适应了传统的学习方法就很难接受网络化的学习方法，在学习过程中容易犹豫和迷失方向。学习指南专门为一些依赖型学生提供学习指导，帮助他们找到学习的方向和步骤，防止他们迷失在网络中。

（2）技术帮助

网络学习初期，由于学生对互联网信息和计算机的掌握程度不够，导致他们在后期的学习过程中遇到了技术方面的阻碍，从而对学习效果的最终结果造成了严重影响。然而这一问题是可以通过后期的学习来进行弥补的。只要学生打好技术基础，如果再遇到同样的问题就可以迎刃而解了。

（3）策略指导

在学生进行学习以前，提前向学生普及一些关于学习策略和方法的知识，让他们可以在心里有一个关于各种学习策略的认知，主要包括认知策略、元认知策略等。这样他们在日后的学习过程中就会做到心中有数，正确合理地使用这些策略进行学习，达到提高学习效果的目的。

（二）情境教学法

情境教学法是指教师在教学过程中，以一定的情感色彩和形象为主体，有目的地引入或创造生动、具体的情境，以帮助学生产生心理共鸣的教学方法。

情境教学法的形式有很多种，如角色扮演、对话、辩论等。下面就重点介绍这三种教学形式。

1. 辩论

辩论从根本上来说就是一场比较激烈的对抗赛，而且竞争的意味比较重。辩论是一场对综合能力进行考验的活动，要求参与人员不仅要具有很厉害的口才，而且逻辑思维能力要清晰、大脑要做到飞速运转，还要具备善于抓住对方的漏洞进行反击等能力，这是对参与者的综合能力的极大考验。进行英语辩论的场合通常是教室，参与双方针对所给出的论题运用英语技能对自己的观点进行阐述，以期用最有力的论据和表达来战胜对方。这是英语口语训练的有效方式之一。

2. 角色扮演

在教学过程采用角色扮演也是培养口语能力的一种有效途径，而且现在自愿使用这个方法教学的教师日趋增多。角色扮演这种方法使学生变得勇敢，帮助学生积极地克服消极情绪，在每个人面前表达内心的想法。通常是小组成员之间进行角色扮演。教师可以根据不同的情节要求为学生分配不同的角色。学生可以与小组成员合作来完成指定角色的台词，使故事往后推进。这样一来，学生的勇气得到锻炼，在每个人面前讲话不再胆怯，在扮演过程中学生对角色台词的理解更加深刻，从而转换为自己将来使用。

3. 对话

对话与前两种方法相比形式更常见且操作简单，因此教师都优先使用对话形式进行英语教学。首先，对话占用上课时间比较有限，学生和老师都能接受的。其次，对话的内容相对来说更贴近生活，甚至更常见的形式围绕在他们周围，有助于学生理解。第三,学生也可以提高口语水平以及随机应变的能力,因此有时教师会放弃使用一些复杂而困难的操作形式。最后,因为对话是在小组内进行的,学生之间都互相认识,所以从学生的角度看,没有太强的压迫感,所以对话能愉快地进行下去。

(三)学习过程评价

1. 学习过程评价的定义

学习过程评价也有其自身的特点,这与评价学习的起点和结果有根本的不同。收集和研究学生学习过程中使用的材料,根据这些资料分析和判断学生的学习过程就是学习过程评价。及时有效地解决发现的问题,从而形成一种促进学习过程改进的评价方法。但是,值得注意的是,"学习过程"实际上是指学习过程的投资、自主性、创造性和个性化的学习活动等指标。事实上,学习过程和学习结果是相互影响、互相促进的。如果没有学习过程,就不会有学习结果;如果没有学习结果,学习过程就无法测试。从这个角度看,优化学习过程可以推动高质量学习成果产生。如果想要学习过程有所改进,那么对学习过程进行科学、合理的评价是不可或缺的。

从字面上看,学习过程评价与关于学习的过程性评价似乎有一定的相关性。事实上,这两者有着密不可分的联系,是一个交互性的组合理念,在内涵上可以相互借鉴和补充甚至可以相通。学生的学习过程在教学过程、学习过程和过程评价中处于中心地位,而教学过程和过程评价则屈居第二位置,主要目的是推动学生的学习进步。对过程学习评价定义的理解主要包括三个方面:对学习过程的评价、为促进学习而实施的评价和在学习过程中实施的评价。相同之处是两者都是一个动态的评价过程,会随着教学过程和学习过程的不断发展而不断完善。不同之处在于,学习的过程性评价更侧重于其监控功能。

从实施进程的角度来进行考虑,我们可以将学习过程评价简单划分为评价准备、学习过程中信息的收集和整理、学习过程的信息判断分析和评价等三个阶段。而采用这一划分方式主要是出于对以下原因的考虑。

首先,是对学习过程的评价。我们知道,学生的学习过程并不是一成不变的,而是一个时刻在发生变化并不断向前发展的过程，大量信息资源在学习过程中得以储存，而学习过程评价的中心就是以这些信息为基础所反映出的学生学习方式、策略、态度等，通过这些反馈结果来促进学生和教师之间的一个适应和改进。对于教师来说，改进的是教学策略方面，而对于学生来说，改进的是学生的学习过程。另外，学习过程的评价对师生管理效果方面都有不可忽视的作用。

其次，是在学习过程中实施的评价，可以说这个过程中教师的教学和学生的学习都是在一条水平线同时进行的。一个效果明显的学习过程与教师的有效教学和学生的高效学习有着密切联系的，不可分割。同理，我们可以将学习过程理解为在反复的教学过程中，随着教学过程中的收集、诊断、修正和提高等活动，教育结果也在层层提高往更好的方向发展。

最后，促进学生的学习过程。学生作为学习活动的主体，我们在对其学习过程进行改进的时候，其实也是学习过程评价目的的最终体现，针对这种情况，澳大利亚的评价专家说出了自己的见解：促进学习的评价实际上就是一项教学过程中正常发生的活动，然后再运用从这一活动中获得的信息来加速教学的过程。

2. 大学生学习过程评价

研究中提出来的"大学生学习过程评价"，指的是大学生在高校学习内容的选择多样性等特点的基础上，从学习过程中的投入度、自主性和创造性等角度出发，而采用的一种自评和他评的方式，是对大学生学习过程中所涉及的各种构成要素进行简单分析和价值评判的过程。其主要目的在于，从大学生学习特点出发，关注学生的学习过程及其评价问题，从而促使学生学习成绩和学习效能的共同提升。

第三节　大学英语阅读教学

英语教学的五项基本能力分别是听、说、读、写、译，从这里我们可以看出，阅读是英语教学过程中一个非常重要的方面。而且当初刚开始进行英语教学的时候，甚至还将英语人才的培养目标放在提高阅读能力方面。然而时代在进步，学校是为社会培养和输送人才的地方，所以教学也要和时代发展与要求相匹配。如今，我们处于一个国际交流日益密切的时代，英语作为一种国际使用最广泛的语言而逐渐受到关注，若只片面追求英语阅读能力的提升显然已经不能满足目前社会的需要。针对这种情况，有关教学改革的要求越来越急切了。面对这样的改革趋势，有关英语阅读能力的提升也应该受到关注，学生需要正视这些阅读问题而不是选择一味地逃避，结合阅读的心理机制然后以大学英语阅读教学内容与目标为基础，探索出适合的英语阅读教学方法，从而培养出时代所需要的综合型英语人才。

一、英语阅读教学面临的问题

（一）教学条件方面的问题

1. 教材设计不合理

教材是开展教学的基础，并且还会直接影响教学效果。但是，从我国目前高校所使用的教材的情况来看，其在整体设计上存在着严重的不足，而且内部的连续性也不够理想。

总体来说，就是我国的大学英语教材的重点还是集中在对阅读能力的培养上。虽然表面上教材的设计遵循的还是逐层深入的原则，而且各阶段的侧重点也很明显并且符合本阶段学生的认知规律，但是，各学习阶段之间缺乏必要的过渡性，因此就造成了衔接不够流畅的局面。

这种教材中存在的脱节的情况对教学效果来说具有一定的负面影响，并且也阻碍了最终教学效果的达成。我们需要注意的是，在开展阅读教学时要在一定的循序渐进原则的支持下进行，不同阶段的学生所应该接触到的学习资料是有所不同的。但是由于教材衔接过程中存在的不连贯性，导致学生的整个阅读训练不流畅。对于学生来说，掌握基本的阅读进程已经有一定困难了，更别说是要使阅读能力得到相应提升了。

2. 课程设置不够合理

目前，全国范围内的很多院校没有对英语阅读教学有一个清楚的认识，而将其看成是一种具有辅助性质的课程。此外，阅读教学中精读与泛读在课程设置方面也存在着不同等对待的现象。这种重精读、轻泛读的现象使教师和学生都从心理上开始忽视泛读方式的存在，从而导致由泛读培养起来的阅读技巧无法发挥应有的作用，而且这也与我国英语教学所倡导的健康发展的目标是不一致的。

（二）教师方面的问题

1. 教学方法单一，缺乏创新

大学英语在推进改革的过程中也在不断强调要丰富教学方法，改进课堂教学形式，但是这也要经历一个相对较长的过渡期，不可能做到一蹴而就，所以现阶段的英语课堂上教学形式单一依然是存在的。这种传统的教学方式依然以教师为主体，而学生的主导作用体现不出来，从而也进一步影响了学生的积极性，导致他们的学习兴致不高，提升学习效率更是无从谈起。总之，传统的大学英语教学方式是要随着改革进程逐步被取代的，其存在一定的弊端，但这个过程的改变也需要一定的时间。

2. 存在严重的应试教育倾向

在我国的英语阅读教学中，应试教育的倾向还是比较明显的。大部分教师依旧注重学生英语四、六级考试的通过率。但是这些考试类的检测方式大部分都比较侧重基础知识和阅读理解能力方面，而对符合交际要求的口语方面的测试比重少之又少。虽然在教学改革背景的压力下，这一现象有所缓和，但是"冰冻三尺非一日之寒"，想要使这种现象得到彻底解决也并非一朝一夕之功。正是由于这种倾向，使得学生的阅读水平无法得到有效提升。所以教师在教学过程中要特别注意应试教育对英语教学的负面作用，尽可能地将这种影响降到最低，以便英语教学可以顺利开展下去。

3. 教学观念落后

我国是一个地域辽阔的国家，而且各地的经济发展水平是不一致的，这就导致了国内的英语教学并不能保持在一个同等的水平。虽然有些发达地区的师资力量水平比较高，信息技术比较发达，也有机会接触到相对比较先进的教育模式，但是，更多地区的师资水平是达不到这个阶段的，这就导致了这些地区的信息比较闭塞，教师的教学观念也达不到教学要求所规定的层面。这样的后果就是那些地区的学生无法从根本上掌握最先进的教学理念来提升自己的英语综合能力水平。

（三）学生方面的问题

1. 母语思维影响

语言环境对语言模式的形成的影响主要体现在文化和思维方式上。正如我们所知，英语和汉语有很大的差异。例如，在英语句式中，句子中只有一个谓语动词，动词是一个句子的灵魂，形态上会发生变化，然后在某些连接词的连接下成为一个有意义的句子。然而，汉语的表达往往在多个动词的连接下，根据时间的顺序和事件的发展情节形成一个流动的句型。像流水线一样。另外，句子的开头一般是描述性的信息，这是汉语的表达方式，而描述性的信息又不太重要，反而句子的结尾才是重要的。再看英语句式的表达方式则与中文表达恰恰相反。学生只有从根本上把握汉英句式的差异，才能在实际的阅读过程中，提高阅读效率，降低阅读理解的偏差。从这个角度看，在英语阅读教学中教师不仅要注重片面的语言知识教学，还要随时随地关注学生跨语言思维能力的培养。

2. 阅读习惯不良

阅读质量和阅读效率受到学生的阅读习惯的影响，不良的习惯产生不好的影响。在英语阅读中，学生的不良习惯主要表现为跟随阅读，不能专注阅读，以及在换行时不能迅速集中注意力等，这些不良的阅读习惯是学生的阅读速度上的一大障碍，也破坏了学生的理解能力和思维连贯性。为此，在阅读教学中，基于学生提高阅读质量和阅读效率的要求，教师应更加关注学生良好阅读习惯的培养。

3. 背景知识欠缺

现代教学观认为，教学活动的主体应该是学生而并非教师。因而，自身的问题也就成了阅读能力难以短时间内获得提升的制约因素。就目前来看，学生背景知识的欠缺依然是阻碍阅读发展的关键。

对所学语言的知识背景了解不充分也是造成阅读能力无法提升的一个重要方面。背景知识是一个非常广泛的概念，不仅包括语言本身，还包括语言所处的人文环境、学生自己的经历等方面。不可否认的是，那些拥有相对宽泛知识背景的学生在理解文章时确实要轻松一些，因为有些词语的意思是根据特定环境来说的，只有在一定的环境下它才表示该意思。而在交际过程中有时也会因为不了解语言背后的真实含义，只根据字面意思理解就会产生很多误会。所以，对于大学生来说，在进行英语学习时要尽可能多地了解那些西方国家的人文底蕴，这样在进行阅读时理解起来就会相对轻松一些。

二、读的心理机制与认知过程

（一）读的心理机制

阅读实际上是在进行认知和言语交流，不管在生理还是心理上都是非常复杂的。美国心理学家 Goodman 认为，阅读是一种心理语言猜测的游戏过程，要求读者利用自己的阅读能力感悟作者通过语言文字想要表达的东西，并对这些符号进行意义表达，从而实现与作者思想上的交流。阅读理解不是一个简单的"刺激—反应"过程，而是一个人们积极接受和处理新信息的过程。实际上，阅读的过程是理解语言信息的过程。

（二）阅读的认知过程

1. 言语知觉层级

这一层级是指读者对语言信息的构成单位和语言符号的视觉刺激有区别的视觉反应，并识别语言的表面结构，如词汇、短语、句子和标点符号，从而成为下一步活动的基础。

2. 词汇理解层级

在语言感知的基础上形成语言表征之后，理解单词的意义成为言语理解的首要任务，即通过工作记忆来寻找存储在这种表征下的关于词汇的语法和语义信息。

三、大学英语阅读教学的内容与目标

（一）大学英语阅读教学内容

大学英语阅读教学包含培养学生的各种阅读技能，通常包含培养跳读技巧、推理能力、概括信息和理解主题等方面。

（二）大学英语阅读教学目标

《大学英语课程教学要求》中对英语阅读教学所要达到的目标提出了以下三个层次的要求。

1. 一般要求

（1）基本上具备略读的能力。

（2）可以将掌握的实用阅读技巧应用于阅读过程中。

（3）当阅读那些篇幅相对较长或者是生词较多的文章时，阅读速度可以实现每分钟 100 词。

（4）阅读速度基本上可以达到每分钟 70 词左右，可以大致读懂具有一般性题材的英文文章。

（5）可以读懂一些日常的文体材料。

（6）可以在工具书的帮助下进行本专业英语教材和相关报刊的阅读，基本上掌握大意和主要脉络。

2. 较高要求

（1）可以阅读并大致理解所学专业的文献，掌握主要的信息。

（2）在按照要求进行快速阅读材料时，针对那些稍有难度而且篇幅较长的文章其速度要求以每分钟 120 词左右为宜。

（3）对那些英语国家的报刊性文章基本可以理解，阅读速度以每分钟 70—90 词为宜。

3. 更高要求

(1) 在阅读本专业的相关英语资料时能够顺利地进行。

(2) 可以理解一篇难度不大的文章，掌握总体思路和中心思想。

(3) 可以读一些外国英文报纸和杂志上的文章。

这些要求和目标在某些方面成为了中国英语教学的指导原则，但是教师在实际的英语教学中不能直接使用这些原则，而是基于实际情况，以学生为主体，为保证实现教学效果制订对应的教学计划。

四、大学英语阅读教学新方法

（一）阅读理解模式

阅读是指发生在大脑里的一种认知心理活动，下面三种阅读理解模式解释了阅读的发生过程。

1. 自下而上的模式

这种模式的主要代表是 Gough、Laberge 和 Samuels 等人物。根据 Gough 的说法，阅读过程是有一定流程的。首先，阅读过程的起点是眼睛看到要阅读的文字，然后眼睛将看到的文字传输到大脑，最后，经过大脑一系列的加工，它成为我们所需要的语言模式。当文字被大脑识别时，它就储存在大脑中，形成初始的记忆。初级记忆相当于一个保存大量单词的巨型空间，这个过程可以持续下去，直到大脑能够准确地识别出单词的正确含义。

在上述过程的基础上，我们可以将阅读过程归结成一个解密过程。文章实际上是作者根据一定的语法规则，用单词和符号组织起来的一个程序。读者要根据语法规则来解读它，然后理解它，从一个词到一个短语、一个句子、一个段落，最后完成对整篇文章的理解。在这一原则的指导下，对一篇文章的理解既离不开语法规则的掌握，也离不开字母的辨析。

2. 自上而下的模式

Smith 和 Goodman 等人是支持这一理论的代表人物。在 Smith 看来，能够大胆地推测是阅读理解的关键环节，在现有理解的基础上推断出不理解的内容意思。在选择使用这一理论时，读者有时需要临时做出一个快速的决定，然后根据之前的理解来检验这个决定是否正确。如果有错误出现，就需要立马纠正。在这个模式基础上，读者不需要使用文本中给出的全部提示，而只需要借助一些提示信息进行大胆地推测。目前，高校的阅读也是一种选择能力的反映，而不是对所有语言成分的准确感知。

（二）合作阅读教学

合作阅读教学的方式是基于组内合作的形式建立起来的，这种方式就是要让学生懂得互助，然后通过讨论交流彼此的观点和看法，这样就会加深对文章内容的理解。这种方式对大部分学校的课堂活动来说都是适用的，尤其是那些学生水平相差较大的班级，合作阅读的教学效果最为明显。同学们通过互助和合作使得词汇量和合作意识都得到不同程度的提升。

具体来说，合作阅读法的过程可以概括为以下四个阶段。

1. 读前预习

只有当学生熟悉了课文，教师才能顺利进行教学。为防止学生在预习过程中过度盲目，教师可提前给他们一些预习题，然后在课堂上进行检查。

（1）阅读课文，找出并设法弄懂你认为比较重要和难懂的词句以及习惯用法等。

（2）试着回答课后的练习题。

（3）结合文章内容对整篇课文进行划分，然后对各划分段落进行大意总结。

通过预习，学生就从被动的状态中解脱出来了，这样在上课时就能做到心中有数。

2. 细节阅读

细节阅读换句话说也可以理解为精细阅读。这时要阅读整篇课文，围绕课文回答五个 W（who，where，when，what，why）问题，这类问题一般均可以从课文中直接找到答案。这类问题通常是比较多的，只能抓住重点内容进行提问，以此来促进学生的实践能力提升，从而实现学习目的。

3. 粗略理解

这一阅读理解过程中主要掌握的是对答案正确与否的判断。检查粗略阅读理解，加强对涉及文章内容的叙述性因素的发生顺序的暂时记忆，根据原来掌握的旧词学习新词汇。

4. 合作学习法的应用策略

合作学习主要分为师生间合作和生生间合作两种方式。但是从本质上来说，无论采取哪一种方式，都是以合作为出发点展开应用的。所以，为了可以在教学过程中使合作的意义发挥到最大，使用一定的策略方法是必不可少的。

(1)分组策略

对学生进行小组划分也并不是一件简单的事情，需要考虑的因素是多方面的。如此一来，就会使得各小组之间觉得这样的分组是合理的且是公平的，而各组内的每个成员都可以获得相同的竞争机会。具体应该用什么样的方式来进行分组在前面的章节中已经讲过，在此不再赘述。

(2)问题设置策略

教师的课堂授课从某个角度来说对学生的合作学习模式起到了一定的促进作用，在这一过程中教师的作用就是通过最短的时间将所用到的语言知识和交际信息以合理的方式向学生进行传递，然后在关键处设置问题关卡，以此来吸引学生的注意力和调动课堂积极性。还有就是，教师所设置的问题要具有一定的水准，具有一定深度，可以激发学生的探究兴趣。如果问题设置得太过简单的话，就会无法吸引学生的注意力。

(3)指导策略

合作学习要始终坚持学生的主体地位不变，教师起到处于辅助地位的指导作用。此外，教师在这一学习过程中还负有监督的责任，就是要实时掌握小组内成员的学习状态，对每个成员进行学习任务的指导。还有就是，教师需要采取多样的方式促使学生敢于合作和交流，以实现信息的共享，培养小组成员间的团队合作精神以及适当的竞争意识，从而指导自学能力的形成。

(4)评价策略

合作学习之间并不意味着一直都是合作的关系，在一定情况下也会有适当的竞争关系的存在。其实竞争与合作的关系是相辅相成的，在某种环境下甚至是可以发生相互转化的。合作是为了更好地竞争，这样一种关系的建立会促使学生的学习兴趣得以有效提升，而对这一过程提供助力的就是评价策略了。出于对这种情况的考虑，教师在进行英语教学的过程中就要对小组每个成员的个体表现或者是组内整体表现进行监督，仔细观察学生所表现出来的积极方面，然后在最后评价的过程中主要对这些积极的方面进行鼓励和支持。这样的话，学生的身心都会受到极大鼓舞，感觉自己是有用的，在日后的学习过程中会更加用心。反之，教师对学生的进步视而不见，就算是在评价阶段也主要是针对学生的一些不足之处进行放大处理，久而久之学生由于长期处于一种消极和压抑的环境之下，学习兴趣也会受到重创。从这个角度来说，学生的积极性和正面评价策略是正相关的关系。

第四节　大学英语写作教学

写作从某种层面来说可以是对一个人的语言修养的侧面反映。我们都知道英语的基本能力构成听、说、读、写、译五个方面，由此可以看出英语写作在教学过程中是占有一定重要位置的。

一、英语写作教学面临的问题

无论是学习英语还是学习汉语，写作一直是学生在学习中的一个难关，就连老师对此也是相当"恐惧"。研究表明，中国在英语写作教学中一般会遇到五种类型的问题。

（一）写作课程设置不科学

大学英语教学总课时是预先规定好的，也是根据课时安排课程的。因此，在此基础上，如果教师每周安排一次写作训练，在实际操作中就会遇到一些困难。但是在短时间内适当地安排一些写作课程这是可以做到的，或者在教学大纲中明确调整写作训练所需的课时，使教师和学生关注写作训练，这对提高学生的写作技能有很大的帮助。

（二）教学方法与学习要求不适应

大学英语教学改革进程发展得越来越快，以往的教学方法早已无法满足学生的需求，因此一部分学生在实际学习中没有办法学以致用，没有知识的支撑自然也写不出内容丰富的文章。从长远来看，学生对写作的热情将慢慢丧失，提高写作能力也将变得更加困难。

（三）教材不科学

从现在市场上教材的流通情况来看，专门为非英语专业学生编写的参考书有相当大的缺口，教材的选择空间相对狭小。虽然有一些比较完善的参考资料可以补充这个缺口，但仍然不能满足学生越来越多的学习需求。

（四）教师方面的问题

在英语写作教学过程中，从教师的角度来看，面临的挑战主要有两个方面：首先，一些教师不够重视写作，没有意识到写作在教学中的重要性，而是更加注重考试，目的只为提高学生的应试能力。其次，虽然全国高校都在加紧改革英语教学，但传统的教学方法不是短时间内就可以改变的，其结果仍然主要是教师为主导的课堂活动，虽然教师在课堂上娓娓道来、讲述不少内容，但学生确实学到的知识不多或他们感兴趣的东西很少，这必然会对学生的学习能力造成不利的影响。

（五）学生方面的问题

抛开教师造成的影响，还有一个关键因素限制学生英语写作能力，那就是学生自身的问题。具体表现为三点：第一，一些学生仍然依靠老师的解释来解决问题，而不是主动解决问题。他们深受传统教学模式的影响，自主学习能力的发展具有一定的局限性。第二，中西文化有着明显的不同，学生写作能力的提高受此限制，这是一个重要影响因素。第三，受到母语的负面影响，有时被称为"负迁移"。

二、英语写作的心理活动

通常来说，英语写作的提升受到多方面因素的共同制约，其中心理方面的因素就对英语写作教学水平的提升产生了重要影响。心理活动对英语写作能力提升的影响主要表现在以下四个方面。

（一）从视觉到运动觉

我们先从最基本的影响因素说起，那就要数从视觉到运动觉的发展变化过程了。我们可以说视觉运动是英语写作训练过程中最基础的方式。简单来说就是学生形成最初的书写印象都是通过视觉来触发的，首先学生观察范文是通过眼睛来实现的，然后再经过神经系统向大脑进行传输，接收到信号之后就会在大脑中形成初步的文字形象。学生在大脑中形成的视觉形象越清晰，对后面的模仿写作越有利。基于上述因素的考虑，我们可以将写作过程看成是一个观察—临摹—自主—熟练的不断向更高层次发展的过程。虽然写作最终呈现出来的是以手部的书写为结果的，但是我们不可否认的是起初它是以视觉为开端的。

在这里我们也对写作提出了更高的要求，即正确、迅速、清楚和美观。这样一来，教师所承担的示范作用的意义就更明显了，教师应该从一开始就向学生展示优美的板书范例，因为学生的模仿能力是很强的，也喜欢模仿，所以教师榜样的力量非常强大。此外，教师还要在一定程度上促进学生各种感觉器官的共同调动，以从多个角度来促进良好写作能力的提升。

（二）书写技巧动型化

这一概念看似陌生，简单来说其实就是要求学生在写作时要保持手部书写的连贯性，并且可以持续下去。如果从这个角度来进行思考的话，可以将这一过程看作一个高度模块化的程序。而在实际的运用过程中，如果学生的写作技巧不断得到提升，那么书写也要实现由词汇到短语和句子的质变。这在提高学生的书写速度的时候也是对他们书写能力的综合测试。

作为教师，如果想要让学生尽快掌握这一方法的基本书写能力，就要求教师不管是课上还是课下都要起到监管和督促的作用，用多样的方式来引导学生进行不同的训练，实现"人、手、脑"的并用，从而使得写作能力得到有效提升。

（三）联想型的构思能力

这种写作能力可以称得上是写作心理学中最具核心地位的一种。占据中心位置的主要原因是因为它涉及种类、时间、空间、因果和等级方面等各种关系。从语言学的角度看，语言是一种思维能力的工具，因此英语语言学习过程实际上是使用思维工具交流的过程。如果把英语作为一种交流工具，那么培养英语联想的习惯是非常重要且有必要的,即当你遇到一个特定的单词时,你应该分析这个单词并联想到它的同义词、反义词、同音词等内容来丰富你的英语想象力。我们可以得出结论,一个学生的联想概念能力在英语写作过程中能得到很好地发展的话,那么在实际写作过程中,在理解段落之间的相关性方面的能力就会逐渐提高。为此,教师需要培训学生有关联想能力方面的内容使其有所提升,从而提高学生相应的写作能力和思维能力,使学到的知识更加扎实。

(四)演进式的表达技能

联想型构思能力的具体表现为演进式表达技巧,整合了思维、层次想象、系统记忆和连贯言语等一系列流程,大大提高了学生的写作效率,使写作过程更加合理、科学。在写作过程中运用演进式的表达技巧,促进了学生综合能力水平的提高,对学生有着不同的意义。

三、大学英语写作教学的内容与目标

(一)大学英语写作教学的内容

前面章节中我们已经对实施高效英语写作教学的现实意义进行了相关阐述,在此不再赘述。只不过这里需要讨论的是虽然教师在英语写作方面投入了大量的时间和精力,但是最终的效果却不是很令人满意。有人专门对大学英语四、六级考试中英语写作方面的得分情况进行了研究,发现成绩与平均分还有一段距离,这不得不让人担忧。面对这种情况,以下就具体问题具体分析。

1.语言知识方面的教学

写作对于语言来说其本质上是一种语言输出形式。从这个角度来说的话,英语写作教学首先要做的还是有关语言的基础知识教学,包括的基本内容就是词、句、段、章等方面的相关知识。但是从我国目前的大学英语教学现状来看,教学中有关英语写作方面的课时比重是非常少的,甚至是英语专业的学生也没有有关写作方面的课程安排。目前,虽然网络教学有所发展,但是大部分地区仍然采用的是课堂教学模式,同学们对语言知识的获得还是主要通过课堂这一途径来实现。

所以从这个角度来说，课堂教学质量会对写作教学产生影响。

2. 写作理论、技巧、方法、模式教学方法

总体来说，我们可以将写作总结为一种将所学知识理论进行书面输出的形式。通常，实践都是以理论作为支持的，这样做的目的主要是为了保证实践的顺利开展。另外，不管是学生还是教师都应该认识到采用合理和正确的方式方法可以促进实践向着更加合理的方向发展。而一定的教学模式的采用也并不是对学生的思维产生了定势倾向，而是对学习者起到一定的引导作用，从而保证在最有效的时间内实现实践的最准确效果。

3. 对影响写作教学的因素的研究

英语写作是一个包含范围很广的概念，这也就决定了它也会受到多方面因素的干扰，使得最终的写作成品与学生的想象有所差距。这些因素可以是来自各个领域不同层面的，包括学生的年龄、性别、知识储备、阅读习惯和思维方式等；教师层面包括个人魅力和教学风格等；还有来自其他方面的，如所要求写作的方向、文章的体裁等。这就要求教师在进行英语写作的教学过程中一方面要和学生针对这些影响因素展开讨论，另一方面还要从学生的角度出发，认识到每个学生的基础能力是有差别的，要适当采取差别性教学方式。但我国的实际英语教学现状决定了这种情况也只是起到一个暂时的辅助性作用，因为学生在进行英语写作学习的时候是没有多少自主性来进行选择的。

（二）大学英语写作教学的目标

《大学英语课程教学要求》中同样对大学英语写作教学提出了一般要求、较高要求和更高要求，具体内容如下：

1. 一般要求

（1）学生可以具备书写日常应用文的能力。

（2）学生已经基本上掌握了写作需要具备的基础技能。

（3）学生可以在半小时内单独完成一篇立意明确、结构合理的120词左右的短文。

（4）学生可以在现有能力的基础上描述一些日常事件的发生。

2. 较高要求

（1）学生可以利用所掌握的词语或句式书写一篇与专业有关的英语小论文。

（2）学生可以使用英文解释相关的图表内容。

（3）学生可以用英语书写一篇本专业的简介。

（4）学生可以针对一些常见的主题内容阐述自己的所思所想。

（5）学生可以在半小时内完成一篇内容完整、结构合理且表述清楚的160词左右的文章。

3. 更高要求

（1）学生可以利用英语对所学专业进行一个短篇文字书写。

（2）学生可以熟练运用文章进行内心情感的抒发。

（3）学生可以在半小时内完成一篇中心明确且用词合理的不少于200词的文章。

四、大学英语写作教学新方法

（一）延续性教学法

这一相关的写作教学法将写作教学分为三个阶段，并且每个阶段在整个写作过程中所起到的作用都是不同的。但是只要将这些看似关联性不大的程序进行一定的相互连接之后就会产生神奇的结果，那就是一个具有完整的写作要素的文章形成了，并且文章质量还是非常不错的。只不过需要注意的是，教师采用这一方法进行实际写作指导时要认识到，并不是所有的内容都可以采用这一方法得以完美实现。这主要还是因为学生的学习时间是有限的，而学习任务相对较重，不一定有时间和精力投入到有关细节中。此外，学生大多数都是不太注重思考的，因此他们只是将写作看成是一个写作任务而非进行再度创作的过程，所以他们认为只要写完即可，没有必要将过多的精力投入进去。

（二）平行写作教学法

平行写作教学法可以理解为教师提前针对所要写作的方向给出一篇立意明确

的示范性文章以供参考，而这时学生还没有着手进行写作。学生可以根据这篇范文得到一定的启发，从而来确定自己所写文章的方向和内容，然后再根据自己的理解下笔写作。这样不仅会提高学生的写作速度，而且还会防止跑题现象的发生。

（三）网络辅助写作教学法

人类迈入 21 世纪后，信息技术得到大力发展，尤其是计算机网络的快速发展和多媒体软件在教学中的广泛应用，这些都为写作过程中遇到的一些难以解决的问题带来了福音。因为网络具有以前任何教学方式所不具有的更大的自由性和不受时间和空间限制的特点。学生在网络的辅助下，甚至可以直接和一些以英语为母语的西方国家的人进行接触，这样一来，他们所接收到的就是比较纯正和地道的英语了，甚至可以最大限度地了解西方国家的文化背景和风土人情，以此来区分中西方之间的差异，然后激发学生的学习兴趣，并促使自主学习能力的产生。

网络辅助英语写作教学就是学生自主学习能力的体现，它在很大程度上就是从学生的角度出发，然后在教师的指导和监督下展开学习的过程。教师在使用网络辅助协作教学法的过程中可以通过先给学生们布置一个主题的学习任务，然后学生通过网络来进行资料的搜集、组织、总结等一系列的过程之后，再将这些资料为自己所用，成为写作过程中的素材。这一过程更多体现的是学生的自主性学习能力，而教师的作用就相对减弱了，只是起到一个辅助的监督和进行指导的作用。

第四章 当代大学英语教学模式创新

当代的大学英语教育必须积极改革自己的教育模式，培养学生养成创新发展的教育观念，在学习的过程中不断寻求新的学习方法，积极进行社会实践，锻炼自己的实践操作能力，促进学生的自主发展，提高学生的综合素质。本章主要论述当代大学英语教学模式创新，详细分析了任务型教学模式创新、模块化教学模式创新以及多模态英语教学模式创新。

第一节 任务型教学模式创新

一、任务型教学模式分析

（一）"任务"的概念

"任务"在外语教学领域是个意义多重的术语。从教学视角来说，Numan认为"任务"是任何学习者理解生成的目标语，和与目标语互动的注重语言意义而非形式的课堂行为。Lee提出"任务"是一个只有通过参加者之间的交互方能达到学习目的的课堂练习或活动。Ellis谈及任务是以语言意义为中心的语言应用行为。由此可见，"任务"重视语言意义，带有特殊目的性，同时强调语言交际和实际应用能力。教师要根据课堂教学具体的目标来设计各项能有机结合课文词汇、语法与功能的活动以完成教学任务，并达成教学目标。

（二）任务型教学模式

Jane Willis提出任务型教学实施应坚持运用语言交际、提供真实有效的语言资源、激发语言学习者实际语言应用、分阶段划分侧重点的原则，并依此原则要求,设计出如下三阶段的任务型教学模式:(1)前期任务,即引入题目和介绍任务阶段;(2)任务执行阶段,包含任务的实施、计划和报告;(3)语言分析阶段,注重语言形式的分析和练习。该模式的核心是"做中学",教师在设计任务活动时应了解教学要求和语言内容,制订活动计划,定位师生角色,明确活动方式,考虑监控手段。通过任务活动的开展使学生带着明确的任务目标积极主动学习,能驱动师生双向或生生多向的互动,有助于训练各语言技能,培养其语言综合应用能力。

任务型教学模式主要表现在以下几个方面:首先,任务至上。任务型教学法的主要观点是:课堂设计应着眼于任务的完成,而非传授,灌输语言的基本技巧。其次,任务设计应围绕学生主体进行。它突出了教学环节之外的任务设置,教学活动的任务执行过程,并对教学效果进行评估。教师应该从学生角度出发,精心设计教学任务,让学生在可完成的容量内,体验持续完成一系列任务的经历,体会到成功的快乐。再次,交际高于一切。交际能力是英语学习者必须具备的语言运用能力之一,也是学习其他课程和从事各项社会活动所必备的技能。它以培养学生的语言交流能力为切入点,把语言交流能力作为评价学生是否完成任务的重要依据。所以,老师应该把课堂还给学生,让他们的主动性得到最大程度的发挥,从而激发他们交流的动力。指导学生在大量富有内涵和含义的语言交际中,完成辩论以及其他课堂活动。教师通过各种方式创设情景,帮助学生在真实情境中运用英语完成任务,从而获得对所学知识的理解和掌握,达到学习目的。该教学模式使语言习得轻松、愉悦、多彩。

二、任务型教学模式下大学英语教学改革的主要内容

(一)转变教学理念,提高教学水平

在大学英语教学中,不应以语言测试为最终目的,从根本上消除以语言测试为标准、以提高学生的学习效率为目的的误区,而应以提高学生的语言能力为目的。在课堂教学中,学生处于主体地位,大学英语教学模式从以老师为主向以学生为主过渡;教师在课堂上扮演着引导者和帮助者的角色,它的作用要由知识的

传授者变为实践能力的指导者,成为教学质量的监测者;教师应树立现代教学观念,改革教学方法,提高自身素质,加强对学生进行素质教育。大学英语教学应着重从语言这一基本知识讲授,向语言和文化熏陶过渡及语言的实际应用能力的发展。

(二)完善课程体系和人才培养方案

课程体系的调整并不是对一门课程或一门学科进行一次改动,但它关系到整个教学计划的协调问题,对教学大纲进行修改。在人才培养方案中,它是非常重要的,教学管理部门要以本校实际情况为依据,学生实际情况是最基本的起点,以大学英语改革为例,既要注重语言知识的传授与教学,培养语言技能,又要注重听说读写的结合、翻译等语言应用能力训练。建立一套完善的考核方案并进行科学有序、与时俱进,理性调整,集众力,最终实现教学目的。

(三)优化教学方法,调整课堂角色

教学方法的优化,主要是靠师生在课堂上的角色转变,必须彻底转变教师讲授为中心的课堂秩序,教师应该成为学生学习的引导者、帮助者,将备课重点放在给学生高质量、高效益上,在课堂上积极地完成任务,训练学生完成使命,从而促进其自主学习,拓宽其知识储备等,将其培养成具备一定语言交际能力新型人才。所以教师要有针对性地去调整自己的教学方法。通过这些方法,让学生能够更好地掌握所学知识,提高其英语综合运用水平。比如多媒体数字化教学、校园网络教学平台等,手机软件的选课评教系统等等。同时学生也应该在老师的指导之下,出色完成上课的各项任务,其宗旨是完成使命,高效学习才能不断提高语言应用能力。

(四)提高教学质量,注重师资队伍建设

要想提高教学质量,最重要的方法就是要充分运用先进教学手段。当前,许多教学资源均配有先进课件,网络资源丰富,例如,部分网络课程开发、利用多媒体资料,使微课、慕课和其他各种教学方式得到普及,这些先进的教学方法与教学理念,对于提高教学质量均产生了极为深远的意义,也是教学过程的需要。

教师要不断进行实践反思，通过问卷调查的形式，对教学效果进行调查与测试，为提高教学质量提供了可靠的第一手材料。也可以设置教学质量监控部门，邀请专家听课、评课，择优录用教师和低职高聘教师。此外，还应建立科学完善的评价体系，定期开展各种教学活动并将结果反馈给学生。从而调动教师的积极性，使自身素质不断得到提高，切实保证提高教学质量。

综合来看，大学英语改革强调，任务型的教学模式必须实施个性化教学，充分发挥教师在课堂中的导向作用，课内课外应坚持"以生为本"教学理念，以学习促教学、以教学促研究，按质按量地完成教学任务。唯有如此，才能更好地实现任务型英语教学改革的目标，有助于学生语言实际应用能力及自主学习能力的提升，切实提高教师综合素质与业务水平。

三、任务型教学模式在大学英语课堂教学中的应用

（一）任务型语言教学在大学英语教学中的核心要求

任务型语言教学，其核心思想就是模拟人在社会生活中使用语言所进行的各种活动。因此，在大学学校生活中，应当将英语教学与学生的日常生活相结合，训练学生将英语应用于现实生活当中。这一教学模式因强调了学生在认识过程中的主体作用，是一个积极的意义构建者，所以有利于学生的积极探索，更有助于创造性人才的培养。

任务型教学关注真实场景中的问题，能够在明确的目标引导下，进行语言交际活动；它需要学生在真实场景中，通过完成学习活动这一使命去把握问题，把握现实、实用而又富有内涵的语言文字；它主张在教师的指导之下，以学生为中心来开展教学活动；它强调师生间的互动与对话，重视学习者之间的情感交流；它提倡经历、练习、参与、交流、合作的学习模式。在这一教学过程中，学生参加老师或者课本精心设计的任务型学习活动来理解语言、使用语言、发现问题、发现规律、概括知识、体验成功。由此可见，以任务为中心，以单元为方案，是一种行之有效的任务型语言教学模式。

在任务型语言教学模式之下，强调了教师引导学生通过完成具体的、有意义

的任务来实现语言技能的发展。它既注重语言的陈述性知识输入，又注重语言的程序性知识输出和交际，是一种理想的语言学习模式。同时，这种模式还围绕着学生而展开，激发学生听说读写的综合应用能力、写作能力以及运用语言解决问题的能力。强调语言学习的交互性、真实性和过程性，是一种真正与学生为本的教学模式。

构建任务型教学模式应以培养学生实际运用语言的能力为立足点，使学生大量地使用英语，用英语进行社交，以此来把握其中的规律，夯实语言知识的基础，从而获得语言的技巧。因此，教师应转变教育教学观念，给学生营造一个大量运用语言的情境，让学生通过大量的社交活动来运用语言和掌握语言。

（二）任务型语言教学在大学英语教学中的教学途径

古语云："师者，所以传道授业解惑也。"事实上，这一权威式的教育过于重视教师角色，因此也可以理解为是一种灌输式教学模式。教师过于重视"传""授"的关系，却忽略了"引""导"的关系，过于重视书本，而忽略了学生的个性发展。当前，在英语教学法蓬勃发展的今天，这一以教师为主体的传统教学法早已跟不上前进的脚步，而任务型教学法，却在教学中逐渐展现出了它的优越性。

根据任务型教学途径来看，教师应当努力营造交际的氛围，面向全体学生，使每一名学生都能够参与到学习中的每一个环节当中。为了达到这一目的，教师就不能仅局限于教育教学的统一标准了，而是应当进行突破，针对不同水平、不同性格的每一名学生各自的特点，制订出不一样的教学方法，通过使用不同的方法，来让学生对学习产生好奇心，从而得到发展。

在大学英语教学中，学生还可以利用很多途径来进行学习，例如，将英语和自己所居住的周边环境结合，更能够加深学习印象，不容易遗忘。这种任务型教学模式强调了学生个体在其经验背景的构建下，对于客观事物的主观认知，与学生个体结合得更为紧密。人的学习和成长都需要通过与他人进行互动和沟通来完成，因此在进行任务型教学时，要将学习置放在一个有深刻含义的场景当中，例如能够应用到所学英语的特定场景。学习，是一个根据已有的生活经验为基础，通过与他人协作来完成对新事物或现象的认知过程。因此，教师应当努力营造一个尽可能逼真的氛围，精心设计教学任务，使学生在学习英语时能够得到更多的参与机会，从而最大程度地激发学生的学习动机与兴趣爱好，并将学习到的英语语言进行整合，在人与人之间的交流中学习和处事。

（三）任务型语言教学在大学英语教学中的特点

任务型语言教学重视信息沟通，活动真实有效。在英语课堂教学中，学生们在完成任务时，会发生对话性的交流，继而衍生出语言习得。既注重语言陈述知识的输入又注重语言程序性知识的输出和交际，是语言学习的一种理想境界。它围绕着所作的工作而展开，充分调动了学生的听说读写能力。在实质上，体现了英语教学目标和作用的变化，反映出语言教学由注重"教"转向为注重"学"的趋势，从关注教师到关注学生，由关注语言对象本身转向为语言习得和使用主体的倾向。

英语教学不仅要教授学生掌握英语知识与技能，同时还要注重培养学生的学习能力。在英语教学过程中，教师应当让学生在学习简单的词汇、语句、文章的过程中，同时主动学习培养自己写作的能力。语言技能的形成，离不开对语言的学习与实践，因此教师需要要求学生们加大沟通与交流，进行多方面协作才能实现语言技能的形成。

在英语教学的历史上，任务型教学有着丰富的理论基础，并与教学实践和探索密切相关。就大学英语课堂教学而言，任务型教学的提出，必定会带来教学方式上的变革，教师与学生的双方作用和地位也将会发生改变。如何正确理解并把握好这一变化，将有助于任务型教学模式在大学英语教学中的开展与实施，从而进一步推进教育模式的发展与改革。

任务型语言教学模式，是开展高校英语教学的有效手段，也是全新的教学方法之一。为此，教师在教学的过程中，要不断地进行尝试和探索，充分利用这种方法来培养学生，使学生的英语应用能力发挥出最大的作用。

四、大学英语任务型教学中任务的设计原则及实施策略

（一）任务设计的原则

任务设计的合理与否是关系到课堂教学成效的一个重要因素。不少教师经过多年教学实践总结出来如下原则：

1. 语言材料真实性原则

创设的语言场景应当力求贴近百姓生活，使学生将课堂上所学的语言与技能应用于实际生活。

2. 实用性和可操作性原则

课堂任务始终服务于教学。我们不能只讲形式，不讲效果。所以，在设计作业时，要尽量避免为了任务而进行作业的设计。在课堂上，教师应充分发挥自己的优势，利用有限的时间和空间，为学生提供最大程度的互动与沟通，以实现自己的教学目标。要兼顾其在课堂环境下的可操作性，要尽量避免过多、程序太繁杂的课堂任务。另外，教师也应该根据教学目标和教学内容来设置具体而有针对性的任务，以提高课堂教学效率。如有必要，应给学生以任务操作方式。

3. 任务连贯性原则

任务型教学并不是指将一两个活动穿插于课堂中，也并不意味着一连串没有联系的事件在教室里堆积起来。它更多地表现为一种以学生自主学习和合作交流为特征的教学方法，其主要目的在于培养学生发现问题、提出问题和解决问题等方面的能力。所谓任务型教学，就是在教学过程中，通过完成或实现一系列任务来实现教学目标。以任务型教学为基础，一节课的几个任务或者一个任务中的几个子任务应该是互相联系的，它有一个统一教学目的，或者说是一个目标指向，同时，从内容上也要互相联系。Nunan 提出了"任务依属的原则"，认为课堂任务应该以"任务链"或者"任务系列"的方式呈现，每项工作是建立在前一项工作之上，后一工作依属于前一工作，如此，每个教学单元或教学单元任务系列形成一系列教学阶梯，让学习者循序渐进地达到预期教学目的。

4. 任务活动趣味性原则

动机与兴趣构成了学生学习行为最主要的动力。任务型教学法有一个优势，

那就是通过富有趣味的课堂交际活动，有效激发学习者学习的动力，让其积极主动地投入到学习中来。所以，思考任务是否有趣在任务设计中占有重要地位。任务之所以有趣，除源于任务自身外，也可以从多方面进行研究，如多人参加、多方进行沟通与互动、任务执行过程中人际交往、情感交流等，还有解决问题或者做完工作之后产生兴奋感、成就感等。

（二）任务的设计与实施策略

任务型教学方法把学生放在了学习的核心位置，它把重点放在了外语教学的认知过程和心理语言学的过程上，力求给学生提供一个机会，让他们能够在课堂上，在有意义的活动中，参加开放性的交际任务。任务教学效果的好坏，取决于任务设计的是否科学合理，并能否贯穿于整个教学过程，最终实现教学目标。教师要根据不同情况，运用教材和某些丰富语言表现形式等，以问题为切入点设计系列学习任务，推动学生走进知识生成的场景中进行学习，并在此过程中，体验语言是丰富多彩、多维学习的过程，从而形成语言的综合应用能力和用语言解决问题的语用意识。能否取得良好的教学效果，取决于教师对课堂教学的准备与控制。因此，在英语课堂上，只要教师能充分发挥其作用，激发学生的主动性，增加他们的语言接触，加强他们的语言训练，就能促进他们的全面发展。因此，在大班教学的任务设计时要注意以下问题：

1. 根据学生个体的差异设计难易适度的任务

改变老师在上课过程中对所有学生统一教学的现象，即传统的课堂教学模式，是任务型教学法的终极目标。任务设计者要从学习者实际出发，在每一种任务中对于难度产生影响的不同因素进行全面的分析，并对其进行合理的组合，与此同时，还可以使用或提供一些必要的辅助手段，将任务的难度调整到一个合适的水平，从而获得最佳的教学效果。

在组织教学的过程中，应该充分考虑到每个学生的情况和需求是否相同，做到因材施教。它的实施方法主要有：学生水平分层、内容难度分层、学习目标分层、教学方法教学活动分层、练习和作业分层及评价分层。针对个体技能较高的学生，可以设计出以交流为主的任务，并使用语言来解决问题；而对学习困难的学生，则可采用简单的、以认知为基础的阅读教学，以提高其阅读水平为目的。在教学过程中，教师应遵循不同的次序，例如由"接受性"到"产出性"、由"预备性"到"目标性"的次序。在团队合作中，要重视每一位同学的共同参与，合理分配任务，调动每个学生的参与度，使能力较弱的学生也可以充分地参与到活动中。

2. 分清课型，针对听说读写设计合适的任务

任务的目标，针对听、说、读、写不同的课型，教师要精心设计，合理地安排在各个学习阶段中，使之符合并有助于学生在各个不同技能阶段的发展。例如在拟定阅读任务时，阅读者可采用"提问—文本"控制性阅读方式，使阅读者做到心里有数，就不会一味对信息进行加工与存储，这样就能最大限度地提高学生课堂上阅读的效率。

3. 课堂内外，设计连续性的学习任务

这一原理涉及任务和任务之间的关系，以及任务在课堂内执行的步骤和过程，也就是如何在执行所设计的任务时，做到教学合理、逻辑清晰、条理清晰、行云流水。课堂上的任务应呈现"任务链"的形式，每一任务都以前面的任务为基础或出发点，后一任务是前一任务的发展。课外的任务可以是课堂任务的前奏，有时候也可以成为课堂任务的延续。以此进一步促进学生自主学习能力的发展。

4. 根据任务的操作模式，设计操练型和激发型的任务

以激发学生的兴趣为切入点，启发他们的思考，听写、集体朗读、分大组朗读、集体尝试背诵等传统的教学活动，经过实践证明是行之有效的，应该继承。藉此活动，让学生认识并掌握其使用方法。

5. 任务的设计要注重学生自主学习能力的培养

在教学中，要强化对学生的策略指导，并与课程内容相结合，开展和英语有关的课余活动，例如：英语角，英语手抄报，表演短剧，听英语广播，看英文影视。

总而言之，在进行任务型教学的设计与实施时，教师应该按照语言教学与课堂教学的规律，对其进行全方位的了解，准确地掌握，并不断地进行实践与改进。教师应该对问题进行具体分析，设计出属于自己特点的任务型教学的课堂，即以任务型为主，结合使用其他教学方法的一种课堂教学模式。

自从"任务教学法"被引进国内,这一教学模式由于其提倡以教师为主导、以学生为主体的教学活动,倡导体验、实践、参与、交流和合作的学习方式而日益显示出其教学效果的优势。这正好与新的《大学英语课程要求》提出的"大学英语的教学目标是培养学生的英语综合应用能力,特别是听说能力,使他们在今后工作和社会交往中能用英语有效地进行口头和书面的信息交流,同时增强其自主学习能力,提高综合文化素养,以适应我国社会发展和国际交流的需要"相符合。

第二节 模块化教学模式创新

一、模块化教学模式概述

(一)基本概念

"模块"(Module)一词最初的含义是"太空船或航天器上可以从机体中脱离出来,用于特定用途的部件"或"可以组合为一个较大对象的多个部件中的一个",在教育方面,其含义是"某一科目中可以单独学习的部分"。模块化教学的理念就是这样形成的,它以吸收了模块化的思维方法为基础,把一门学科的知识分解为一个又一个的知识点,再把这些知识点按照它的内部逻辑组织起来,形成一个相对独立的单元,之后,按照不同的需求,把相应的单元组织起来,形成一个教学模块,用增删单元、调整组合方式等手段,来进行教学内容的更新与调整。模块化教学要求按照不同的培养目标,先确定内容,然后再进行模块划分,针对性很强。

(二)教学理论

模块化教学主要以多元智力理论、建构主义学习评价理论和系统的整体观念为基础。

多元智力理论表述了一个观点,人类对世界的认知至少有七种智力途径,分别是:语言、数理逻辑、视觉空间、身体动作、音乐、人际和自我等。不同的人在学习上善于使用的智力途径也不尽相同，因此，人类的知识表征与学习途径呈现出多种形式，在教学过程中不能忽略个体差异。以单一的教学评价方式来评价学生的学习成绩必定是有局限性的，只有学生自己参与到学习评价中去，同时教师用多种评价手段和方法来衡量不同的学生，才可能真正发挥评价的功能，培养出具有分析、思考、解决问题能力的学生，让学生发挥其所长。

建构主义的核心观念是知识的建构，主张通过社会性的相互作用来促进学习。认为学习应在复杂且真实的人物情境中进行，在教学过程中主张以学生为中心的教学。关于学习评价，建构主义认为，它应基于动态地、持续地呈现学习者进步的学习过程以及教师所采用的教学策略和所创设的学习环境。评价的目的不是为了证明，而是为了改进，评价是为决策提供有用信息的过程。对于建构主义而言，学习评价关注的是由学生自己建构起来的外部世界有意义的、具有概念功能的表征。

模块化教学也以系统的整体观念为基础。它来源于美国贝塔朗菲提出的"系统论"观点，将"整体功能大于部分功能之和"作为整体优化理论的核心。从20世纪90年代开始，模块化教学以其综合性和独立性、个性化和灵活性而迅速流行于各个学科，特别是在高校英语课中得到了更多的运用。在系统理论的指导下，大学英语课程被分为"知识模块""技能模块"和"外延模块"三个模块，并在此基础上对其进行了系统的分析。知识模块包括语音模块、词汇模块和语法模块，技能模块包括听说模块、阅读模块、写作模块和翻译模块，拓展模块包括选修课和多种形式的第二课堂活动。采用模块化教学法，教师可以帮助学生取得超越累积的教学效应，快速提升个人英语学习成绩，最终实现英语综合运用能力的提升。

（三）教学思想

以人为本，以学生为中心，尊重学生发展的个性和语言学习的规律，促进学生的创造力和个性的发展。

（四）教学理念

通过为学生创造第二语言习得环境，来达到促进学生语言学习的实用性的目的；针对不同的学生，制订不同的教学目标，选择适当的教材，采用多种形式的教学方法，要注意每个人的个性特征，给他们一个独立学习、个性发展的平台，要充分发挥他们的学习积极性、主动性，激发他们的学习兴趣，这样才能创造出一个英语课堂的良好气氛，让他们在一个适合他们个人发展的情境下进行学习，才能取得最好的教学效果。

（五）教学目标

"以学生为主体，以能力为本位"是模块化教学的方向。因为不同的学生家境导致生长环境、受教育程度、学生的性格、学习能力和接受能力大不相同，以至于学生对自己将来所从事的工作的想象和要求也不一样。在开设大学英语课程之前，老师应该先对学生的具体需求有一个清晰的认识，并对其进行归类和分析，之后才能有针对性地采取相应的对策，让每个学生都能找到一个自我提高和发展的舞台，并树立正确的价值观念和学习观，从而达到高校教育的整体目的。

教师还应围绕不同的课堂和教学目的分别对学生进行听、说、读、写、译等方面的能力训练，同时强调提高学生的综合水平，培养学生实际运用语言的能力，以适应我国经济发展和国际交流的需要。

（六）操作程序

要想实行模块化教学，首先要做的工作就是要对教学内容和培养目标进行明确，之后再以培养目标为依据，把课程分成几个模块，从而达到不同的教学目标。

在大学英语教学中，一是要把握"通识"的特征，二是要在选材时注重语言应用能力和人文素养的提高。教材内容要以最好的语料为范例，以完备的体系化为原则，以生动活泼为特点。其次，在课程内容上，对专门化、工业化等方面，有一定的偏重，并针对不同的学习阶段，进行相应的讲授。比如，在第一、第二个学期，按照一周四个课时的进度，在一周四个课时的基础上，对学生进行全面的英语基础教育，以巩固学生英语的语言功底，提升他们的英语基本运用能力；第三学期，对学生进行英语听力、口语、阅读、写作、翻译等专业的英语能力培训，每周两个课时；第四个学期将采用模块式的专门化英语课程，以提高学生对工业英语的运用能力。本课程还可以针对不同的教学部门和专业，选用相应的大学英语课本，包括英语口语、实用英语写作、实用英语翻译、商务英语、旅游英语、饭店管理英语、秘书英语、法律英语、物流英语、中草药英语，从而使大学英语模块教学具有针对性和实用性。

同时，各模块应以具体的培养目标为中心，结合相应的专业知识，形成一条"学习链"或者"学习园"，这是为了让学生走上社会前做好充分的准备。

（七）主要特点

1. 克服了传统教学模式的弊端

大学英语模块化教学能很好地克服传统教学模式的弊端，即每学期固定的教学时间与一刀切的教材；单调、统一的期中、期末考试和评价标准，静态、单向的评价结果。灵活的模块化大学英语教学能有效地调动起教学双方的好奇心、兴趣和动力，特别是自评与互评的新评价体系，有利于教、学双方自觉形成教学元认知策略，实现教学相长。①

2. 教师可实施有效的教学组织

大部分大学英语各学科的学习和考试都是在一个学期内完成的。这就要求高校英语课程设置更加紧凑，有利于促进学生快速完成任务，达到预期目的，并在一定期限内获得成功，产生成就感。

3. 个性化的学习过程

不同的模块教学能够为学生的个性化发展提供机会。小巧、灵活但又彼此相互联系的模块比单调、冗长的大学英语教材更具吸引力和感染力，这是因为学生可根据个性、爱好与需求自由地选择不同的模块课程。

4. 立体化的课堂评价体系

立体化的课堂评价体系可使更多的学生获得成功学习的经验，使他们在心理、学习层面以及能力等方面得到长足的提高和发展，从而实现好学、乐学的教学风尚，最终优化提高大学英语课堂教学效果，使大学英语成为我国社会又好又快发展的"助推器"。

---

① 赵宏昕. 试论大学英语教学的个性化、协作化、模块化教学 [J]. 湖北函授大学学报. 2016 (24)：176-177.

二、实施大学英语模块化教学模式的必要性

（一）社会背景

自 1978 年高校教学确定了英语的必修课地位后，我国大学英语教学经历了恢复、发展和提高三个阶段，取得了令人瞩目的成绩。在 1985 至 1994 年期间，国家高教主管部门制订了《大学英语教学大纲》（以下简称《教学大纲》），组织编写了四套高质量的系列教材，确立了全国大学英语四、六级统一考试制度。此后，全国大学英语教育领导机构采取了一系列重大举措，特别是修改了教学大纲，建立了全国大学英语四、六级统一考试制度等。所有这些，无疑对提高我国大学英语教学的地位、推动大学英语教学的发展起到了积极的作用，也使大学英语教学的质量取得了质的飞跃。随后，高校英语教学日益受到教育界及社会各界的重视。对此，高校英语教育既有很好的发展机会，又有很大的压力，面临很大的挑战。这是由于：一方面，由于各方面都在不断加大对大学英语教学的重视，更多的人开始注重培养学生的英语应用能力，对大学英语教学产出的期待值也越来越高；另一方面，部分大学生虽在英语四、六级考试中取得高分却不能较熟练地阅读外文原版书籍，不能与外国人直接交流，难以胜任社会需求的现象也越来越突出。于是，英语教育界开始关注大学英语教学中存在的问题，探讨大学英语教学的症结所在，也一度出现"为何大学英语是一壶烧不开的温开水"的争论。

目前，我国的英语教学存在着高时长、低回报的现象。面对大学英语教学费时低效的问题，很多英语教师陷于困惑之中。那么，怎样才能走出大学英语教学的困惑，找到一种较为科学、系统的教学模式，达到提高英语教学水平的目的呢？带着这个问题，我们开始进行大学英语模块化教学模式的研究与探索。

（二）学生的外显能力需求

随着我国经济的快速发展，对外交往日益频繁，国际经贸一体化进程加快，仅凭一纸英语四六级证书，已不能很好地满足应届毕业生就业的需求，更不能适应社会发展对英语水平的新的需求。也就是说，从培养学生的英语实际运用能力方面来讲，英语教学效果还不是十分理想。

最突出的问题是学生听力水平低，口语交流能力差。大多数学生从小学开始学习英语，到就业阶段，接触学习英语几年或十几年，但他们与外国人沟通时，却听不懂人家说的是什么意思，甚至无法进行简单的交流，成为"聋子英语""哑巴英语"的受害者。剖析原因，我们认为，大学英语教学是一个比较复杂的系统工程，涉及教学大纲、教材、教法、教学手段、教学管理以及测试等诸多因素。但传统的教学方法过分强调教师在教学过程中的作用，抹杀了学生的自主学习和创造性学习能力，这应该是问题的症结所在。在传统的英语教学课堂上，教师"满堂灌"，逐字逐句讲词汇、攻翻译，学生却感到乏味无趣，被动接受；课下学生只是满足于背几个单词、做几句翻译或为了应付考试做一些模拟题。由于没有口语测试的要求，学生根本不会去创造语言交流的机会。依靠这种陈旧方法培养出来的学生又怎么会具有较高的听说能力呢？随着大学生求职的日趋激烈，能直接反映出一个人实际工作能力的外在表现也变得愈加重要，其中英语运用，尤其是口头表达，就是外在表现能力中最为突出的一项。可以说，拥有一口流利英语的人，将会在职场上赢得一席之地，即使是一般学校的学生，与名校的学生相比，若英语水平较高，也可在求职过程中占得先机。因此，提高学生外显能力，对于提高整个学校的教学水平就显得尤为重要。这种提高"产品"外显能力的需要也是我们进行英语教学改革的重要原因。

（三）学生的内在需求

自 2002 年以来，我国教育部在全国范围内开展了一系列的高校英语课程改革。正是在这种情况下，许多大学都在进行英语分层教学，也就是按照大学一年级学生的英语水平，将他们分成快中慢三个等级，并对他们进行不同的英语课程教授。分阶段教学法是一种符合英语基础阶段学生特点的教学方法，在实际应用中收到了很好的效果，但是这种方法并不能从根本上解决英语学习中存在的深层问题。在快中慢三个级别的课堂中，特别是快中班的学生，因为对英语各个方面的要求都不一样，所以他们更愿意按照自己的兴趣和工作方向，在英语方面加强自己的专长。因此，为了进一步推进高校英语课程的改革，我们应该在英语等级制的基础上，采取模块化的方法，给学生一个更为自由和广阔的英语学习空间。

（四）提高大学英语教学效果的必然需求

在传统的英语教学中，对学生的听说读写译等各方面的能力都提出了不同的要求，但这些要求往往是平衡性的，没有一个突出的侧重点，不能很好地解决学生对某一方面的英语技能的需求。因此，在大学英语教学中，如何提高英语教学质量是一个十分重要的课题。模块化的教学方式能够解决以往英语学习中的平衡性和力度不足的问题。学生有了更多的选择空间，可以根据自身的英语基础及兴趣，挑选出自己感兴趣或所需的英语能力模块，对其进行系统化的学习，专注于提升其中一种或多种能力，以达成预期的学习目标。从这个角度看，模块化英语教学会从学生的"被迫学"向"我想学"转变。从而提高学生对英语的好奇心，增强学生学习积极性，激发学生对学习英语的动力和决心，取得更好的效果。

当前，我国高校对非英语专业英语课程的设置多是一成不变的，根据教科书、课程设置进行教学，没有考虑到未来走上社会后对语言能力的实际要求。一方面，各专业的学生在英语水平上有一定的侧重，比如，工科的学生更注重英语的阅读，而文科生则更注重英语的听力。另外，各个职位对于英语的需求也各不相同，比如科学研究工作侧重于英语的翻译与写作，而市场销售工作侧重于口头交流。英语模块化教学是实现"教"和"用"结合的有效途径，使英语课程按照"用"的要求进行"教"，以提高学生英语应用能力，为他们未来走上社会奠定了坚实的基础。

在英语模块化教学中，理论上对模块化教学的理解不尽相同，一些学者把模块化教学分为知识模块化、技能模块化和扩展模块化，并在每一个模块化下再细分成几个子模块；也有把英语课程分为听说读写四大模块的；也有人将课程分为快、慢两个阶段，与分层教学相结合。作者认为应该从优化教学结构和适应就业需要出发，使用"基础模块＋提升模块＋专业模块"的模式进行教学。也就是首先对学生进行英语的基本知识教育，然后对"听、说、读、写、译"的各个子模块进行强化教育，最后根据学生的专业特点，对各种类型的专业英语进行教育。当然，各大学也可以根据自身的实际，对课时、学分、教学内容进行灵活安排，通过课堂讲授、网络讲授、学生自学、选修课等形式，构建一套科学的评估系统，探索出一条符合自身特色的模块化英语教学之路。

三、大学英语模块化教学功能与优势

（一）大学英语模块化教学的功能

大学英语模块化教学的功能在于将传统的单一文本学习转化为多维度、多层次、多视角的模块，将大学英语模块化，从而达到英语学科多元化的目的。这样的话，同学们就能根据自己的不足，调整自己的学习方式，全方位地提高自己的能力，既能通过英语四六级，又能提高自己的英语运用能力。对老师而言，他们通过模块化教学的实践，不断提升自己的能力，由原来的单一的"精读"课程，变成了"听""读""写""综合"四个模块的多方位授课，并在这一模式中不断完善自己，丰富自己，整体上提升了自己的英语教学能力。在教学组织方面，采用英语模块化教学模式，可以使学校对英语学科进行合理、灵活的编排，使学生能够更好地集中、高效地进行学习。其特点是：（1）突出学生的需要；（2）突出学生个性化；（3）突出灵活性；（4）突出实践性。

模块化教学紧紧围绕人才的需要，提高教师的职业能力，对教学内容进行设置和调整，对学生进行适合于未来所从事的职业的能力培养，使他们成为可以掌握多种技能的应用型人才。

（二）大学英语模块化教学的优势

在新《课程要求》发布后，许多学校按照新生英语水平，将英语分为快中慢三个等级，在不同等级的课堂上开展不同等级的英语教学。分级教学法虽然符合《课程要求》规定的"分类指导、因材施教的原则"，使不同层次的学生英语水平都有所提高，但是分班带来的问题也逐渐显现。模块化进阶教学指的是：在学生原来班级不改变的基础上，将每一学期的教学重点按照模块进行排列，学生可以根据自己的兴趣爱好或者将来的就业方向，对其中一项或者多项技能进行强化，从而达到个人的需要。

在传统的大学英语教育中，大部分的大学英语课程都是一成不变的，教师根据相同的教材进行统一的讲解教学，这种教学方式没有考虑到学生将来工作是否需要。模块化进阶教学可以与不同的专业特点相结合进行教学，比如，在国际贸易专业中，可以重点进行听说和写作模块的教学。而在建筑工程专业和机械制造专业中，则要将重点放在阅读模块和翻译的教学上。这样，学生就可以通过阅读来学习国外最新的技术和工艺，为将来顺利就业奠定坚实的基础。就师资而言，可进一步提升其专业化水平。教师可从这一课程中选择1—2门，并根据学生的兴趣与特长进行认真研究。志同道合的教师组成研究组进行模块化教学和申请有关课题。

在我国，模块化教学方法的运用，多是针对高职院校。从英语教学的角度来看，在高职英语、商业英语等专业领域比较盛行，而在大学英语领域却鲜有人问津。《大学英语课程教学要求》在教学性质和目标中规定要培养学生的英语综合应用能力，特别是听说能力；在教学要求上根据我国大学英语教学的现状，分为一般要求、较高要求和更高要求。这种多层面的需求不是单一的课程设置、单一的教材编制就能满足的，必须实施模块化的教学。

模块教学是指将某一特定的学生按照特定的课时，按照特定的目的进行学习。它的优势在于：一是把英国的严苛、深刻性与美国的宽广、灵活性有机地融合在一起；第二，在英语教学中，学生能按照自己的层次、进度、兴趣来进行，使自己的潜能得到最大程度的开发；第三，在英语的学习中，学生可以从多个领域中获得新的知识。模块化教学实现了对语言技能的理解和对真实情境的理解，以及对语言的运用。

四、大学英语模块化教学改革与创新的意义

随着英语水平的不断提高，传统的、一成不变的教育方式已不能满足新的教育目的，因此，"因材施教，分类指导"的教育方式将成为一种必然的发展趋势。分模块教学能够保证我们运用的是一种具有多样化、个性化的教学手段，将学生的潜力最大程度地发挥出来，实现"从差异入手，达到消灭差异"的理念。以需求分析为依据，以建构主义为指导的大学英语模块化教学，能最大程度地满足教学要求，充分发挥教师的个性特点，提高学生的自主能力。

"大学英语模块化教学"是一种适应当前教学改革与发展趋势而做出的教学探索，这种"模块化"的教学模式，极大地推动了教学方法、学习方法、教学制度、教学管理的变革，支持、促进、改进、超越了"模块化"的教学思想，充分体现了"分层优化""分类指导""因材施教""整体推进"的教学思想。学生能够根据自己的学习能力、方法，积极主动地获得知识，从而在很大程度上提高他们的学习效果。这一模式的不断完善与发展，必将在教学与课程之间形成良好的互动关系，从而推动英语教育的不断进步。分模块教学的实施，能够探索解决长期存在于学生英语学习中的僵化问题的方法，改变大多数老师一成不变的课堂教学模式，从而提高学生课堂上的听讲和课堂下的英语学习的积极性，激发他们的学习兴趣，增强他们的学习积极性，从而全面提升他们的英语听说读写译等多种专业能力。

（一）有利于因材施教

"因材施教"就是在教学过程中，根据每个人的具体情况，注意每个人的个体差异，有针对性地进行教学。班集体授课是当前教育的一种基本组织方式，其最大的缺陷就是一板一眼，很难顾及每个学生的个体差异，从而影响了教师的个性化教学。因材施教，顾名思义就是根据学习者的基础和能力去进行不同程度的教学方式，对学生之间的差异表示认可，鼓励学生个性发展，对各类学生进行平等的对待和教学，让所有学生都能在合适的氛围和环境中进行学习。

（二）有利于促进学生的个性发展

分模块教学是针对不同层次的学生，制订出与之相适应的教学目标和内容，对教材和教学手段进行选择，在此过程中，对个体教学和自主学习进行了重点关注，让学生可以在任何时候都能对自己的学习情况有一个清晰的认识，然后再根据自己的情况来选择合适的学习内容，这样才能获得最好的学习结果，获得真正的进步。分模块教学将学生放在核心位置，通过对不同程度的学生因材施教，帮助学生进行自主学习和个性发展。而且，分模块教学采用的是因人而异的竞赛方式，可以最大限度地发挥学生的学习积极性，提高他们的学习兴趣，这样就可以创造出一种英语学习的好氛围，让他们在一个有利于个人发展的环境中学习。

（三）有利于优化教学资源和提高教师教学积极性

在这种新的模块化教学模式中，学校可以按照不同级别的教学目的，对教师进行合理的配置，让每个老师都有更大的发展空间，同时，还可以让学生享有更高质量的教学资源。分门别类的教学虽然激发了老师们的教学热情，但也更注重老师们教学备课的针对性，老师们应该充分地认识到不同水平学生的状况，站在全局的高度组织教学和因材施教，能有效促进教学效率的提高，并最终取得事半功倍之效。而采用模块化教学，则能使教师更多地关注各个层级的学生，更能促进师生关系的发展。

第三节 多模态英语教学模式创新

一、大学英语多模态课堂教学理论基础

（一）哲学基础

1. 主体间性哲学观与间性理论

19世纪末20世纪初，西方哲学开始转向现代语言哲学，在某种意义上这种转向标志着主体性哲学转向了主体间性哲学。"间"意为"在……之间"。"间"一词，从本体论的角度，揭示了主体与客体的共存模式。主体和客体都无法独立存在，主体和客体只能通过它们"之间"的相互作用而得以存活。间性这一概念最初是从生物学的研究中衍生出来的，并在神经心理学、认知科学等方面有了一些相关的研究和发现，因此受到了广泛的重视，逐渐被应用到了哲学、美学、文学、艺术、教育等人文学科中，并形成了一种新的理论共识。所谓间性，主要指一般意义上的关系或联系。间性理论作为主体间性、语言间性、文本间性、文化间性、媒体间性等诸多理论观点的综合，强调"你中有我，我中有你"，其哲学理论基础是主体间性。作为20世纪西方哲学的一个范畴，主体间性理论是一种反主体性、反主客二分的近代哲学思想和思维模式，它强调主体与客体的共在性、平等性，关注主体间对话沟通、作用融合及不断生成的动态过程。尽管作为当代

哲学的世纪之谜，主体间性理论视角具有自身的缺陷和局限性，但已经成为不同研究领域和研究方法的交汇点，并逐步衍生出一系列基于主体间性哲学观的理论视角，如：媒体间性、语言间性、文化间性、文本间性等。间性理论为美学、文学、文化学、社会学等各学科研究，特别是跨学科研究提供了哲学基础，也为英语教育研究开拓出新的视野。除了以上所讨论的主体间性的基本概念以及间性理论中"你中有我，我中有你"的哲学内涵，其他相关概念如媒体间性、语言间性、文化间性、文本间性等也是学界所关注的重点。

媒体间性，有时也被称为媒体相互性，它是指现代媒体的相互关联，也就是媒体之间从信息内容到技术形式以社会间性为基础的综合、整合、转换与演变。任何一种媒介都同时具有个性和共性，而媒介间性正是建立在这种共性之上的媒介与个体差异的桥梁。新媒体强化了师生主体之间、学生主体之间的主体间性，新媒体的多向性和互动性也加速了主体间性的进程。

语言间性是指在语言功能中，指称功能，意动功能，互动功能之间存在着一种不和谐或不协调的现象。从某种意义上来说，语言间性就是人们在交际中所面临的一种客观的、不能忽视的空间障碍。语言自身的差异性将导致语用者对该问题的理解出现波动性，这一波动性反映了该问题的二元特性（开放与封闭并存）。由于语意具有弹性，因此，语用者之间的交流只能是一种可能性。作为二语习得研究领域中的一个相当重要的概念，中介语就是语言主体间性的一个主要表现，中介语是第二语言学习者在学习中形成的一种特定的语言系统形式，这种语言系统在语音、词汇、语法、语用等方面，它既与母语区别，又与目标语区别，是一个随着学习者的不断学习而逐步接近目标语的一个动态的语言体系。

文化间性，也叫跨文化性。间性思维模式应用于文化学领域便派生出文化间性问题。从某种意义上讲，文化间性就是西方哲学中的主体间性问题在文化领域的具体体现，它体现了从属于两种不同文化的主体之间及其生成文本之间的对话关系，表现出文化的协同共存、交流互动、意义生成等特征。在大学英语教学中，通过文化间性研究，有助于加强线上的跨文化交流。

文本间性，也称作互文性，指的是两个或两个以上文本间发生的互文关系。在语篇生成过程中，各种语料相互交叉，一个文本与其他文本之间相互影响、相互交流，文本间性将这些不同类型的文本联系起来，使内容变得协调、易懂。文本间性有助于加强大学英语与其学习者母语之间的文化联系，使教学突破文本的限制。

通过分析大学英语课程的学科属性及其教学系统的四要素，我们认为，主体间性、媒体间性、语言间性、文化间性、文本间性等理论视角是探讨解决大学英语教学的重要哲学基础。

教育技术与大学英语课程的整合充分体现了间性理论作为现代英语教育哲学基础的重要性。教师、学生、教学内容、教学媒体四大要素不是简单地、孤立地拼凑在一起，而是彼此相互联系、相互作用而形成的有机整体。当今互联网发展迅速，现代教育媒体具有的功能日益重要，它改变了其他三个因素以及它们之间的关系，使系统中各个因素间的信息传递与转换效率得到了极大的提升。

首先，对教师来说，在组织、实施教学方面，教学媒体是一种重要工具，合适地使用媒体，可以帮助教师减少负担，使教师能够增加自己和学生之前的互动。对学生来说，媒体是一个学生学习、了解世界、增加自己知识与眼界的工具，也是和朋友沟通的一种方式，对帮助学生更好地获取知识、发展认知能力、提高认知水平起着重要作用。其次，在多媒体教学中，教师和学生都是具备某种媒介素质的人，但这种素质的发展却存在着一定程度的不平衡。随着信息化程度的不断提高，学生的信息素质将会比年长的老师更高，在教学中，学生在新技术的运用上将起到很大的作用，并对教师的主体和教学结构产生了一定的影响。再次，在新媒体环境下，教学内容的资源化倾向明显，教科书也从传统的单一的印刷书籍，变成了一种立体的教学资源。教学内容更具多样性、易于获取性，在媒体形式上呈现出多元化、数字化的发展趋势。

2. 间性理论指导下的多模态课堂教学原则

（1）基于主体间性的交互性教学原则

坚持主体间性的语言观和英语教学观有助于还原英语教学的本真特点。主体间性所提供的新的哲学范式和方法论原则，将对英语教学的目的、过程和师生关系等产生积极而深远的影响。大学英语教学是以教师和学生为主要教学对象，以课程和教材为主要载体，以"教师—教学内容—学生"为具体运作方式。主体间性理论的实质是主体交互性，目前我国高校大学英语教学中普遍遵循的"教师主导——学生主体"的教学原则就是主体间性理念的重要体现。"主体间性"是一种强调"主导"与"主体"之间的主观能动性，并注重在文化交流中所反映的人文精神；但是，这一理论并没有否定人的主观能动性，只是主张人应当以主观能动性为前提。它对英语教学的启示是：在教学过程中，要重视主体性的交互作用，同时也要重视学生的个体差异。

（2）基于媒体间性的多模态教学原则

通过对媒介间性的研究，可以为课堂教学媒介、教学模式等提供有益的启示。媒体间性并不是一种新的概念，它是在新媒体时代来临、传媒融合不断加深的背景下产生的。媒介间性一般包括三个层面：一是多种媒介的整合和协作，也就是多媒体；二是多模态交际，多模态交际是多模态交际；三是指媒介之间的融合和依存关系，即媒介之间的建构。所以，多媒体、多模态、超文本性，这些都是媒介间性的重要表现。这些媒介间性，改变了人们对阅读的定义和判断，从而也影响了教学观念、教学手段、教学方式。新媒体的出现，为学生提供了一个无所不在的、三维的、数字化的"旨在学习"的学习环境，给课堂带来新的生机，加强学习的内涵体系，扩大人与人之间的交往，营造了一个丰富多彩的学习生态与文化。

多模态化既是教育媒介的一种表现形式，又是互动原理与跨文化原理在教育实践中的具体体现。多模态教学为英语教学提供了新的素材，拓宽了语言表达的途径，推动了教师角色的多样化，实现了教学资源的数字化。作为一名教师，要紧跟时代潮流，在多媒体和多模态教学中积极探索和研究。

在经济全球化、交流信息化、文化多元化和语言多样性的背景下，新的交际媒体也在迅速发展，我们固有使用语言的方式也正在改变。为满足现实生活、学习、工作的数字化需求，学生必须掌握多模态的沟通技巧，学习利用多媒体对信息进行收集与分析，并运用故事、报告等不同的文体以及书面、视觉、口头、色彩等多种模态，进行有意义的数字化学习与交流。多模态化是数字化英语教学的重要特征，大学英语教学面临着向数字化、多模态化的教学转型。

（二）教育学、心理学理论基础

1. 大学英语教学研究的学科定位

英语教学实践一次又一次地表明，语言教育是一种多层次的、立体的结构，除了语言之外，它还与教育学、心理学和社会学等因素有直接的联系，它涉及教材、教师、学生、教学目的、组织和管理等许多方面，远远超出了语言学的范畴。英语教育应当归属于教育学，而不能简单地把英语教学划入应用语言学的范畴。将英语教学置于教育学范围内，以教育实践为起点，以教学活动和语言为中心，使其具有独立于其他学科之外的特点。从教育语言学的理论视角研究大学英语教育教学，无论在理论上还是在实践中都更具合理性。用于英语教学的教育语言学学科属性，我们在研究中，重点从教育学学科领域寻找大学英语教学研究的理论基础，特别是教育学、心理学、课程与教学论以及其他与教育学整合而形成的交叉学科理论，如教育心理学、教育生态学和英语教育技术学。

2. 认知负荷理论

根据认知负荷理论，认知图式组织并储存人类知识，极大地减轻了工作记忆的负荷。而新信息必须在工作记忆区进行处理，以便建构图式，然后通过反复成功的应用，图式就会自动化。在工作记忆区处理信息的轻松度是认知负荷理论最关注的问题。根据认知负载理论，教师的首要作用是帮助学生形成长时记忆。知识是以图示的方式储存在长期记忆中的，长时记忆图式作为一个知识结构，起着中心管理者的作用。在接触新的课本、学习新的知识时，如果能通过长时间的阅读使知识在头脑中形成记忆，从而获取到大概的知识体系，那么就可以通过知识框架提供的方法进行学习；相反，如果不能获得关于这些材料该如何组织的知识框架，则要采取随机学习的方式。

认知负荷是一个多维度的概念，它反映了学生在完成特定任务过程中所承受的心理负担。可能会影响工作记忆负荷的因素主要包括：学习任务本身的内在本质（内隐认知负荷）、呈现任务的方式（外显认知负荷）、学习者自愿用于图式建构和自动处理的认知资源量（关联认知负荷）。在大学英语教学过程中，外显认知负荷给学生带来问题的程度主要取决于内隐负荷。如果内隐负荷高，就必须降低外显认知负荷；如果内隐负荷低，因不恰当的教学设计而造成的高度外显认知负荷就可能不会造成伤害，因为总体认知负荷没有超越工作记忆的极限。进而，如果内隐和外显认知负荷的总量还留有额外的处理信息容量余地，就有必要鼓励学生将适当的认知负荷投入到学习中，特别是用于图式建构和自动操作。

3. 学习理论

现代科学发展的特点之一是学科交叉影响，互相渗透。教育心理学是教育学和心理学的交叉学科，学习理论研究是教育心理学的核心内容，对大学英语教学与研究具有重要的指导作用。

20 世纪以来，关于学习运行机制的研究，涵盖了行为主义、认知主义、建构主义、社会建构主义、联通主义等理论流派的发展演变。20 世纪经历了数次主流学习观的变迁：从行为主义学习理论的知识习得观，到建构主义的知识建构观，再到社会建构主义的参与观（或社会协商）。行为主义、认知主义和建构主义为大学英语教学整体研究提供了坚实的理论基础。

行为主义学习理论把学习看作是"刺激—反应"的过程。用这种学习观指导语言学习时，强调语言技能训练的重要性，认为语言学习就是以"刺激—反应"为原理而形成的机械性语言操练，是语言知识的灌输，其目的是使学习者形成一种语言习惯。即使在计算机网络辅助大学英语教学很发达的今天，行为主义学习理论依然在一定的学习阶段，特别是在语言技能训练方面，发挥着积极的作用。

在新媒体时代的学习环境建设中，人们很容易将技术放在核心位置上，而忽视了学习者的核心位置。以技术为核心的设计将重点放在了技术能做到的事情上，技术是一种教学的工具，它的存在是利用技术来帮助教学。因此，多媒体学习认知理论强调了以学习者为中心的设计，将注意力集中在大脑学习的机制上，将学习和记忆的效果放在第一位，而仅仅将技术当做学习的助手，其目的是利用技术来提高学习的有效性。

4. 英语教育技术学

教育技术学是一门通过把开发新的技术、手段、方法使用到教学中进行优化，并把这个过程作为研究对象的学科，是一门方法论的学科。在我国，教育技术学已经发展成为一门独立的学科。信息技术与课程整合研究的发展，使大学英语教学形成了新的教育信息化教学范式。按照库恩的范式学说，新范式的形成和转换意味着一门新学科的形成。作为一门独立的学科，英语教育技术学的建设刚刚起步，尚有一系列的理论问题需要我们不断地探讨，从而运用该学科的理论研究成果，探索大学英语课程与教育技术整合的新模式、新方法、新环境，进而在实践中不断丰富和完善英语教育技术学科体系。

（三）语言学理论基础

1. 中介语理论

中介语理论是在认知心理学的基础上发展起来的，石化现象是一种在外语学习中普遍存在的心理机制，它与外语学习的形式正确与否无关。换句话说，无论语言形式是对的还是错的，都会产生石化现象。石化现象的产生，不仅和英语学习的特定社会和文化背景有关系，而且和学生自身的素质也有一定的关系；这一现象不仅与英语教学模式的陈旧、教学方式的不当等相关，而且还与学生自身的认知心理偏差密切相关。在英语学习中，由于内部和外部因素的综合影响，使语言知识在学习者的头脑中被固化。因此，我们需要以科学、理性的思维，以包容的态度对待学生的语言失误，并对中介语及中介语的僵化进行辨证的分析，更好地了解和掌握僵化的内在机理，从而更好地指导二语教学。结果表明：汉语语言能力对学生英语写作有直接和间接的作用，汉语写作、汉语词汇量、汉语话语量等因素对学生英语写作有明显的影响。英语水平是影响学生从汉语能力向英语写作能力迁移的一个重要因素。

2. 计算机辅助语言教学

计算机辅助语言教学（CALL）是探索并研究计算机应用于语言教学的科学。媒体技术在我国高校大学英语教学中的应用和研究源远流长。20世纪七八十年代，大学英语教师手提录音机到教室开展听力教学还是件新鲜事；90年代初开始，高校语言实验室的普及大大促进了听力、口语、写作和翻译教学；90年代末，网络语言实验室成为高校改善大学英语教学条件的主要标志；21世纪以来，全国高校大学英语课堂教学几乎全部使用多媒体教室，同时，各校纷纷建立网络英语自主学习中心，形成了多媒体课堂教学与网络自主学习相结合的大学英语教学新局面。

CALL 的发展显示，英语教学和教育科技的使用有着密切的联系，教育理念的更新和教育科技的发展呈现出一种互动和融合的趋势。近年来，有关多媒体、多模态教学的讨论与运用，极大地促进了英语与教育技术的融合，成为当前英语教学领域的一个热门话题。

3. 我国的英语学习理论研究

长期以来，我国学者在二语习得理论研究方面主要靠引进国外理论，并结合我国英语教学实际开展应用性的研究。但是，我国的英语学习与西方的第二语言学习有着完全不同的特点，因此，我们应该根据英语教育的现状，认真对待和研究国外的各种理论，特别是二语习得理论。在吸收和借鉴过程中，要充分考虑到中国学生英语学习的特殊性，从而建立一套具有中国特色的英语教学理论体系和切实有效的指导方法。

二、大学英语多模态课堂教学设计模型建构

（一）多模态研究相关概念

1. 多模态

多模态是指通过整合、排列和编织各种形式的符号，从而构成一个篇章。从人类感知通道的角度，多模态就是同时使用两种或两种以上的模态。人类生活在多模态的世界里，经常使用多模态信息进行认知和沟通。举例来说，当一个人在教室里听老师说话（老师的"言语"方式与他的"听觉"方式相一致），一边看教师的动作演示和在黑板上的板书（教师的"手势、姿势""书写"等模式所对应的是学生的"视觉"模态）。值得注意的是，有些模态，按照感知模态的划分标准，只是一个单模态，但涉及两种或两种以上符号系统。也就是说，按照符号系统多少的划分标准，这些模态也是多模态的。

2. 多模态话语

多模态话语是相对于单模态话语而言的。根据话语涉及的模态数量，只有一种模态的话语是"单模态话语"，如广播仅涉及听觉（言语）模态，一份文字通知仅涉及视觉（语言）模态。同时，涉及两种或两种以上模态的话语就是"多模

态话语"。根据社会符号学，多模态话语指在一个交流活动中不同符号模态的混合体；换句话说，在一个特定的完整的话语中不同的符号资源协同的构建意义，实现交际目的。张德禄则通过整合模态的两个不同标准，把多模态话语定义为："运用听觉、视觉、触觉等多种感觉，通过语言、图像、声音、动作等多种手段和符号资源进行交际的现象"。

3. 大学英语课堂话语的多模态属性

在信息技术飞速发展、人们交流方式不断变化的今天，语篇的多模态特征越来越明显，即语篇的多模态化。语篇的多模态表现出媒介形式的多样性，人类行为的多维度，人类大脑结构的完整性与复杂性，人类认知的多模态特征，为现代话语的一个突出特点。话语的多模态化在课堂教学话语中表现得更为明显，在以电脑为基础、以教室为基础的多媒体教学模式下，英语课堂语言呈现出一种典型的多模态特征。这是现代信息技术与大学英语课堂教学整合的结果，也是大学英语教师更新教学观念的结果。

（二）大学英语多模态课堂教学设计应当遵循的原则

1. 结合教学条件，彰显媒体间性，促进"教"与"学"

在计算机与大学英语课程的整合过程中，"三多"（即多媒体、多模式、多模态）是教学媒体要素在新媒体时代的重要表现，充分彰显了媒体间性的作用。大学英语课堂教学设计要充分发掘媒体间性的作用，在充分发挥教师主导作用的同时，真正体现学生的学习主体地位，最大限度地促进"教"和"学"的开展。首先，教师要主动运用多媒体、多模式教学手段，丰富教学资源，营造数字化学习环境，提高课堂教学效果。其次，要充分发挥学生作为数字原住民的优势，引导学生有效利用良好的教学资源和数字化学习环境，做好课前预习，并为学生的课堂学习设计恰当的任务，让学生在各种学习活动中积极主动地学习新知识、新技能。

2. 把控整体原则，强化参与互动，追求有效教学

以多媒体、多模式、多模态课堂教学的特点为依据，把主体间性、媒体间性和文本间性的思想作为指导，用交互式教学的方式，来提升学生的参与程度，并对课堂教学的有效性进行提升。多媒体、多模式、多模态的课堂教学与高效率的

课堂教学是不同的。高校英语教学中存在着一种不可忽视的"娱乐性"和"低效"的课堂，这种"娱乐性"也是一个不容忽视的问题。

3. 倡导社团实践，加强课外学习，创新学习文化

在基于计算机和课堂的多媒体教学模式中，开展在线自主性学习、合作性学习，是高校英语教学不可缺少的一部分，通过社团活动，可以提高学生的课余学习效果，也可以促进合作性高校英语学习文化的创新。社团实践是一种将主体间性、文化间性、媒介间性完美展现的概念与原则，它为高校英语教学活动的开展提供了一种新的思路与方法。

在大学英语教学中，改革的首要环节就是发挥教师的积极性和主体性作用。教师必须率先改变观念，主动为创新教学模式"放下身价"，积极配合学生，与他们一起提升多元化的阅读理解水平，并在此基础上，充分发挥多媒体教学的优势，最大程度地激发学生的多模态学习潜能，使他们不仅在听觉、视觉及其他模态上获取更多的知识，还通过口头、书面、电子和肢体动作，加强反馈，交互等输出，达到高效的英语学习效果。

三、MAP 在大学英语课堂教学及其评价中的应用

（一）基于多模态课堂教学设计原则模型（Multimodal Apple Pie，MAP）的大学英语课堂教学设计

1. 基于 MAP 的大学英语教案设计

基于 MAP 的大学英语课堂教学设计重视课堂教学环节，但不拘泥于传统的教学环节，提出的展示论证新知原理、尝试应用新知原理、聚焦完整任务原理、激活相关原理、融会贯通掌握原理等五项首要教学原理，综合运用间性理论、多媒体认知学习理论等，探索有效的大学英语课堂教学模式。

教学设计是课堂教学成功的基础。大学英语课堂教学设计应该遵循教育学、心理学和语言教学的规律，其任务是根据大学英语教学要求、标准及学生学习实际，合理把握教学观念、教学模式、教学技术、教学技巧等因素，对教学目标、教学内容、时间安排、教学方法、课堂组织、教学媒体、学习活动、学习评价等

做出明确的规划与设计。为了使教学设计规范化，我们在基于 MAP 的大学英语课堂教学实践中，要求课题组成员在教学过程中，按照"MAP 课堂教学设计表"制作教案。此表不仅包含了常规教案的要件，如章节、课时、教学目的、教学重点难点、教学过程、教学评价等，而且要求课题组教师在教案中明确设计要点，并在教学过程完整设计中根据每部分设计重点进行必要的设计分析。

实践证明，要求在教案中对 MAP 要素及设计思路进行备注，使教师更加有意识地聚焦 MAP 课堂教学设计的原则和方法，不仅为课题研究积累了丰富的教学改革经验和资源，还促使课题组教师不断深入学习和研究。

2. 基于 MAP 的大学英语教案评价

MAP 中的"M"既可用来指三个以 M 开头的单词：媒体、模式、模态，也可用来指课堂教学中不可或缺的三个"多"：多媒体、多模式、多模态。M 代表多模态教学模式的基调，它凸显了教学媒体在大学英语课堂教学中的作用，也借助媒体间性的作用极大地改善了课堂话语的模式，优化了学生习得语言的模态，是基于计算机和课堂的大学英语教学模式评价中的重要观测点。

我们知道，大学英语课堂教学中学习者运用的主要模态是听觉、视觉两种，但这主要是针对语言输入的方式，而决定大学英语教学有效性的一个重要指标是参与度，我们更应当关注学生的语言输出，特别是在目前我国高校大学英语教学中被普遍推崇的输出驱动教学中，学生要用口头、书面、电子、身体动作等话语模式进行语言输出活动。

课堂教学的关键在于互动，而互动教学成功的关键在于教学设计。在大学英语课堂教学设计中，要充分利用多媒体教学条件，互动多模态学习，悉心设计五大支点，即课堂导入、信息呈现、同伴合作、学习强化和教学评价。

（二）大学英语课堂教学评价

1. 大学英语课堂教学评价的意义和功能

课堂教学评估是提高高校教学质量的重要举措，而如何建立行之有效的评估标准则是达到这一目的的关键所在。目前，大部分学校尚未建立起一套适用于英语教学的评估体系，评估指标往往侧重于老师的"教"，而忽视了学生的"学"。

对大学英语教师课堂教学进行评价，应根据大学英语教学的要求，遵循教学规律、教学原则与课堂教学目标等，采取科学评估手段，对教师教学成效进行考核，对它是否实现教学目的进行评估。大学英语课堂教学评估标准要体现英语学科的特点，要科学有效地对教师进行评估，从而推动教师的专业化发展，提升英语教学水平。目前高校大学英语课堂教学的评估体系还存在诸多不足和问题，如缺乏明确的目的与任务导向，缺少针对性以及忽视了评价主体多元化等等。就传统课堂教学评估而言，以校领导为主，进行教学督导，并辅之以学生对教师课堂教学的学期总体评价，评估结果将在教师评先评优、职称晋升等等方面，都发挥了举足轻重的作用。在具体的一节课的教学评价中，大多数是以学校的领导和同级的老师为主要评价对象，以教师自身的教学质量为主要评价对象。随着大学英语教育与教学改革的不断深入，高校英语教研室更加注重英语教师的培养，将每天的听课、评课、授课、观摩、竞赛等活动纳入常态，并在此基础上，进一步强化教师的专业化素质，改进教学方式，从而达到提高教学质量的目的。

大学英语课堂教学评价起着评定、提高和激励的作用。就大学英语教育教学改革而言，教学主管部门应发挥听课评课功能，以考核与激励为手段，注重推动教师提高课堂教学水平。通过对课堂教学进行科学、公正、合理的评估，可以有效地提高教师在课堂教学中的参与度。通过对课堂教学的评估，可以对教师的教学质量、教学水平、教学的优缺点等进行全面的了解。通过课堂教学评价所提供的反馈信息，可以让学生和老师对教学目标的实现情况有一个清晰的认识，也可以让他们清楚地知道，在课堂教学活动中，他们所采用的形式和方法，对推动课堂教学目标的实现起到了怎样的作用。同时，还可以让老师们的教学设计的意识和水平得到提升，从而让他们能够在今后的教学过程中，更好地完成自己的教学任务，持续提升自己的教学质量。

2. 基于MAP的大学英语课堂教学评价

开展课堂教学有效性评价工作，必须从教学系统四要素及其相互关系出发，特别是要从大学英语多模态课堂教学实际出发。与常规课堂相比，大学英语多模态课堂教学使用的是"教师主导——学生主体"的教学模式，将教学与课程结合起来，采取"自主、探究、协作"教学与学习相结合的方式，给学生建构新的学习环境。所以，评价大学英语多模态课堂教学的效果，不能只停留在传统课堂教学评价的层次，必须充分考察教学媒体的重要作用，从信息技术与课堂教学整合的维度来看待。根据 MAP 原则模型，关于大学英语多模态课堂教学设计的原则和特点，我们认为，对一节课的教学评价，应当站在主体间性的哲学高度，从教师、学生两大要素出发，而将对教学内容和教学媒体的评价分别融入对教师、学生两大要素的评价之中。

新媒介时代背景下，教学媒体在教学系统四要素中的地位和作用毋庸置疑。但是，我们绝对不能陷入技术决定论中，因为媒体间性必须以主体间性为主导，表面上的技术主导，事实上是以主体参与为前提的主导，是主体间性与媒体间性的融合所呈现出来的客观教学现象。因为真正能给教学带来变革的，不是技术，而是先进的教学理念和方法。因此，在基于计算机与课堂的大学英语教学环境下，教师一定要把握住以促进"教"与"学"为根本宗旨的听课评课原则，树立正确的听课评课观念，心中始终装着"学生"，重视教学的效果。

听课评课活动是教师进行行动研究的重要途径，其最终目的在于不断从听课评课活动中汲取营养、改进教学活动。听课评课后的创造性应用与实践，对于执教教师和观摩听课教师都具有重要的意义。教师就是在实践中学、实践中反思、实践中成长的专业群体，由外而内进行意义建构，是教师专业成长的必经途径。听完课后认真思考，并在评课时与同行进行交流，教师可在以后的教学实践当中，结合自身的理解、风格、特点等，对于听课评课中的收获进行创造性的改造、应用，并进一步反思，再探索、再体验、再研究，以此类推，不断提高。以听课评课为载体，教师可以得到不同思想交流、各种意见相互撞击、不同的经验分享、不同的设计参考，这些是不可多得的学习资源，也是他们成长的经验。

第五章 基于微课的大学英语翻转课堂教学模式

本章主要论述了在微课的基础上，大学英语翻转课堂教学模式的内容，包括翻转课堂教学模式概述、大学英语微课教学的理论依据、基于微课的大学英语翻转课堂教学模式以及基于微课的大学英语翻转课堂教学实践。

第一节 翻转课堂教学模式概述

一、翻转课堂教学模式的定义

翻转课堂又可以称为"颠倒课堂"，其教学过程包含两大阶段：一是知识传授；二是知识内化。在传统教学模式中，教师往往会通过课堂知识传授的形式来传输给学生知识，学生通过课后作业的完成情况和具体的实践来实现知识的内化。与这一传统教学模式不同，在翻转课堂教学模式中，教师根据自己的教学计划对课前预习的内容进行布置，学生则主动利用各种开放资源来获取知识，在课堂上通过与教师进行探讨，然后完成任务，最后内化为自己的知识。

所谓翻转课堂模式，是指在课堂进行之前，学生利用教师给出的视频、音频、开放网络资源、电子教材等学习材料，自主完成课程内容，然后在课堂上主动参与教师的互动活动，最终完成学习任务。

1927年，翻转课堂模式由美国人萨尔曼·可汗（Salman Khan）提出，他首次利用网络视频展开翻转课堂授课，并取得了巨大成功。因此，可以说萨尔曼·可汗是翻转课堂模式的创始人。

近年来，翻转课堂模式在国内产生了巨大影响。作为一种基于网络多媒体的新型教学模式，翻转课堂模式是对传统教学流程的颠覆，这对于学生展开自主学习而言是非常必要的。作为一种新型授课方式，翻转课堂对我国英语教学改革大有裨益。但是，翻转课堂不属于在线课程，也不能运用视频代替教师，它只是师生之间进行互动的方式，为学生的自主学习提供了充分的空间和实践，从而获得个性化的发展。

现行教育体系建立的目的在于满足工业时代的需要。1899年，美国教育专员威廉·哈里斯（William T.Harris）提倡在美国的各大高校中展开机械教学模式，这一模式使得学生"中规中矩"。但这显然与当前经济发展、生活水平不相符，只有对学校教育体系进行革新，才能跟上时代的步伐。换句话说，就是源于工业革命时代的机械教学模式逐渐被当前的新兴教学模式代替。

在传统教学模式中，知识习得需要经历知识讲授、知识内化、知识外化三个步骤。通过课堂，教师完成知识的讲授，而学生在课后任务和作业中完成知识的内化。这在前面已有所提及。但是，在当前云教育、云学习的技术条件下，学生可以通过"云课程"及媒介来展开教学，当学生在学习中遇到困难时，教师可以对其进行排解和启发，既保证了师生之间的平等交流，也保证了学生知识的进一步深化。简单来说，从先教授后学习转向先学习后教授，这就是所谓的课堂翻转。

综上所述，翻转课堂模式是对传统教学模式的变革，师生关系及教学方式在教学过程中都发生了质的改变。

二、翻转课堂模式的构成

很多学者对翻转课堂模式进行研究，将其构成要素分为三个层面：课前内容传达、课堂活动组织、课后效果评价。下面对这三个层面进行分析。

（一）课前内容传达

在翻转课堂模式中，其教学的基础在于课前内容的有效传达。就目前来说，我国翻转课堂模式往往会采用教学视频与纸质学习材料这两种模式来传达教学内容。其中，教学视频被认为是最基本的形式。对于教学视频的来源，主要有以下两种途径。

1. 运用现有的教学视频

运用现有的教学视频是教师进行翻转课堂教学的最佳选择。这主要有两方面的原因：一是由于教师的教学任务非常繁重，因此并没有多余的时间来制作新的视频；二是教师在面对视频录制仪器时，往往比较紧张，因此会严重影响教学效果和进程。可见，如果教师可以从网上找到现有的教学视频，那么必然会节省教师自身的时间和精力，且网上的教学视频资源非常丰富，教师只需下载就可以使用。

2. 制作新型教学视频

对于翻转课堂模式中运用的视频，教师除了运用现有视频外，还可以进行录制。当然，这需要教师有多余的时间和精力，他们可以运用电脑、录音软件、麦克风、手写板等进行制作。具体而言，可以做到如下几点。

（1）教师可以使用录屏软件对电脑操作轨迹及幻灯片演示轨迹进行捕捉。

（2）教师可以利用麦克风对讲述的音效进行录制。

（3）教师可以运用手写板对书本上的书写效果进行提升。

（4）教师可以利用音频编辑软件对录制的声音进行加工。

另外，教师还需要对画面质量进行关注。基于此，教师需要考虑制作的视频应该尽量短小。这是因为当前的社会生活、工作学习节奏快，如果视频过长，那么难免会引起学生的厌烦；相反，如果视频短，则能激发学生的兴趣，引起学生的响应。

（二）课堂活动组织

在翻转课堂模式中，教师需要对课堂活动进行组织。在组织课堂活动过程中，教师需要注意如下几个层面。

首先，对于大学英语教学而言，导读类课程比较适合翻转课堂教学，这类课程通过网络多媒体展开。在课下，学生按照教师的安排习得内容；在课堂上，教师解释重难点问题，进而通过网络多媒体实现在线测试。完成测试后，学生可以即时获取网络背景知识和学习资源，同时还能与自己之前的测试结果进行比对，从而加深自己的知识水平。

其次，英语课程涉及语言与文化两大因素，教师在对学生的学习进行安排时，需要从初级认知的识记理解开始，转向高级的综合应用，完成一系列的递增过程。同时，教师在安排学生学习时还需要组织与此相适应的学习活动，在学生固有知识的基础上加深其对不同文化知识的理解和掌握。

最后，在合作学习的基础上应结合个体学习，因为个体学习有助于学生充分领会和识记。

（三）课后效果评价

在翻转课堂教学模式中，教师需要重视课后效果评价。翻转课堂模式常采用个性化学习测试，依靠的是教师与学生在接触的过程中形成的评价。也就是说，教师需要依据自身经验，对学生的知识掌握程度进行判断。这种即时的评价有利于纠正学生对知识的误解，且能够根据不同学生的差异，为他们提出合理的建议和指导。但是，由于翻转课堂兴起时间较短，其评价与测试形式并不完善。因此，翻转课堂模式的学习评价主要是要求教师与学生之间进行及时交流与沟通，并根据学生的不同个性特征来加以引导。另外，教师还需要提供更多渠道来为学生展示学习成果，让学生建立起足够的成就感和自信心，促使他们有学习的动力。

三、翻转课堂模式的优势

通过翻转课堂模式的定义可知，该模式是对传统教学模式的颠覆。具体而言，翻转课堂模式有如下几个方面的优势。

（一）有助于学习者安排学习时间

翻转课堂模式有助于学习者安排学习时间，尤其是即将毕业的大学生，他们需要在实习工作上花费很多时间，因此并没有充足的时间进行课堂学习。这些学生需要的是能够迅速传达知识的课程，让他们在闲暇时间学习知识。对于这些学生来说，翻转课堂模式是非常适合的，利于他们对自己学习时间的安排。

（二）有助于师生展开课堂互动

与传统课堂教学模式相比，翻转课堂模式改变了师生之间的相处方式，教师与学生之间逐渐形成了一对一的交流。如果学生对某一知识点存在质疑，那么教师可以将这些学生集中起来，对他们进行特别指导。另外，在翻转课堂上，学生会展开大量的互动，他们不再将教师看成是知识的唯一来源，还包含其他同伴之间的互动学习。

（三）有助于差生进行反复学习

在传统教学课堂中，教师将更多重心放在成绩优秀的学生身上。这是因为，在老师的眼中这些学生可以追赶上教师的步伐，且愿意积极主动地参与到教师的教学中。但是，除了这些成绩优秀的学生，其他英语水平较差的学生往往是被动听课，甚至很难跟上教师的节奏。对于这种情况，翻转课堂有助于帮助这些水平差的学生。在翻转课堂上，学生可以随时对视频进行暂停或重放，直到自己理解和明白为止。另外，翻转课堂模式还可以节省大量教师的时间，让教师将更多精力投注于成绩不好的学生。

（四）有助于学习者实施个性化学习

众所周知，各大高校的学生来自不同地区，其自身发展水平必然会存在差异，参差不齐，尤其是兴趣爱好和学习能力等。虽然当代的教学研究领域注意到了这一问题，但是传统教学模式很难实现分层教学，而翻转课堂教学模式恰好解决了这一问题。翻转课堂模式根据学生的兴趣、能力等展开教学，使每位学生能够从自己的进度出发来进行学习。

（五）有助于课堂管理的人性化

在传统课堂教学中，教师为了帮助学生获取知识，需要密切关注学生的注意力和整个课堂的纪律。这是因为，如果学生被某些事情影响了心情，那么必然会影响他们学习的进度。但是，在翻转课堂中，这一问题是不存在的。

首先，翻转课堂模式将学习的主动权归还给学生。如前所述，翻转课堂模式是对师生间、生生间互动关系的强化，让学生最大限度地发挥主观能动性，即学生掌握了主动权。虽然传统课堂中教师也会辅导学生，但由于受传统理念的影响，这些教学改变只存在于形式上，教学活动仍侧重于讲授，学生完全没有占据主体地位。在网络多媒体环境下,翻转课堂模式获取了名正言顺的地位。在翻转课堂中,学生根据教师提供的资源首先进行自主学习,体现学生的主体地位,然后在课堂上与教师展开讨论,深化自己的知识。

其次,翻转课堂模式扭转了传统教学模式下学生的学习观念和学习态度。翻转课堂中的学习内容是根据学生的需要、兴趣来定位的。在总体学习目标下,学生通过教师提供的学习途径、学习材料完成知识建构,提升自身的知识水平。

再次,翻转课堂使学生对教师的依赖性降低。这是因为,翻转课堂中知识的习得处于最前的位置,学生的自主性逐渐提高,有效淡化了学生对教师的依赖,在自主学习中,学生不得不将自己获取帮助的想法转向其他同学,经过一段时间后,学生便形成一种习惯,即主动接收学习知识的过程,与其他同学进行探讨和交流,这样不仅可以提升学生的知识水平,还能提升他们的人际交往水平。

第二节 大学英语微课教学的理论依据

一、建构主义理论

(一)建构主义

建构主义(Constructivism)为认知心理学派下的分支之一,最初源于瑞士心理学家皮亚杰(Piaget)所提出的"发生认知论"。该理论提出,儿童会在与周围环境互相作用的过程中建构起关于外部世界的认知,并根据重新构建的认知使自身的认知结构得到发展。儿童与环境之间的相互作用包含两个基本过程,为"同化"和"顺应"。同化是指对外部世界中的信息进行吸收并将其融入自己原有的认知结构中,而顺应则是指当外部信息发生变化时,自己原有的认知结构无法与发生改变后的信息有效融合,从而导致原有的认知结构发生改造或重组,以适应信息变化后的外界环境,也即因外界刺激而改变原有认知结构,以适应当下环境的过程。因此也有人称认知结构为"图式",认知结构中的同化过程为认知数量的扩充,也即图式扩充,顺应过程则是为了适应外界环境而发生的认知结构的改变，也即图式改变。同化和顺应这两个基本过程帮助学习者在个体与外部环境中不断由平衡发展至不平衡，再由不平衡循环至平衡，并在不断发展、不断循环的过程中提升学习者的认知水平，丰富学习者的认知结构[①]。

在有了儿童认知发展理论的基础后，学者们从不同角度将建构主义发展到更深一步。维果斯基（Vygotsky）于1986年对学习者社会文化历史背景在认知过程中的作用进行了研究，并在之后构建了"文化历史发展理论"，形成了"就近发展区"概念，证实"活动"和"社会交往"在人的高级心理机能发展中占据了重要位置。乔纳森（Jonassen）于1992年指出了非结构性的经验背景。布鲁纳（Bruner）于1966年展开了经验主义科学观应用于儿童教育的研究，之后提出的发现理论和发现法认为，发现应包括通过自身获得知识的一切方法，而不应局限于发现人类尚未了解的事物。而上述思想均是在皮亚杰的认知发展理论基础上进行的创新和完善，并最终形成了现代建构主义理论的雏形。

布鲁纳和皮亚杰等学者的认知观点为：解释客观的知识结构如何根据自身与个体之间的交互而将原本客观存在的知识结构内化为认知结构。虽然该认知观点的内容较为复杂，但实际其主要内容较为单一，即坚持以学生为中心，在学生成长中强调学生对知识的主动探索过程，引导学生主动靠近认知盲区，依赖学生自身对所学知识进行建构。知识为信息加工主体，即学习者的自身意识与外部世界的信息进行交互而产生的结果，从这个意义上来说，学习者同样也是意义构建的主动者，而不应单纯充当外部刺激的承受者或灌输目标，而教师作为学习者首要的互动对象，为意义构建的推进者和协助者。

（二）建构主义学习观

建构主义学习观指出：在学生的学习过程中，核心步骤为学生自身对知识进行主动构建，而非传统教学中的被动接受，即学生在已有的知识基础上自主进行"再生"或"再创"，以在原有知识基础上进行重构。在这一重构过程中，学生在学习中所处的"情景"发挥着至关重要的作用。由于在学习者日常进行学习的过程中，需通过"同化"或"顺应"两种基本方式来完成对新知识的意义建构，所

---

① 何克抗. 建构主义——革新传统教学的理论基础（上）[J]. 电化教育研究，1997（3）：3-9.

以持此学习观的学者们认为，知识并非是根据教师教授得来的，而是在某个具体的情景中，在教师和其他同样存在于相同情景中的学习同伴的帮助下，通过意义建构的方式对必要的资料展开学习而得到的。

在建构主义学习理论中，更为重视"以学习者为中心"的学习过程，即在日常学习中，学生不仅是传统意义上的认知主体，同时也是意义的主动建构者。而学习的最终目的应当为使学生重塑知识的意义建构，但由于建构主义所需要的具体情景构建得到了当代信息技术的大力支撑，这就要求当下担任主要学习互动对象的教师将建构主义理论实际应用在教学过程中，并最终成为国内外进行教育时的战略思想。微课的学习过程就是学习者通过网络方便地获取课程资源，自主学习所需课程，达到知识的意义建构。

（三）建构主义教学观

建构主义提出的学习主动性、社会性和情境性，不仅为学习者提出学习要求，也为教学者提出新见解。在建构型教学中，教师的角色发生了变化，由传统的知识传授者、提供者和灌输者变为学习者主动构建知识的帮助者、促进者和支持者。学生在教师的帮助和促进下，主动进行意义的建构过程。

建构主义极力提倡的教学模式包括合作型教学、情境型教学以及任务型教学三类，当下存在较为完善的教学方法为支架式教学（scaffolding instruction）、抛锚式教学（anchor casting instruction）以及随机进入式教学（random access instruction）。

1. 支架式教学

支架式教学也称为概念框架式教学，即教学应当为学生认知结构的构建提供框架，就像建筑行业的脚手架一样。这种框架概念是按照学习者认知结构的"最近发展区"而设立的。支架式教学提倡将学习任务以图式认知结构提供给学生，以便他们扩充认知结构。

2. 抛锚式教学

抛锚式教学源自美国温特比尔特大学匹波迪学院的认知与技术小组（CTGV）是在 20 世纪 90 年代开发的一种基于问题并以技术学为基础的重要教学方法，与情境式教学之间存在密切联系。其核心方法为引导学生在完整且真实的问题面前产生一定的学习需求，之后通过镶嵌式教学方法以及学习团体成员之间产生的互动和交流促进合作学习、主动学习和生成学习，实际体验从识别问题和目标到提出解决办法并达到目标的完整过程。他们改变传统教学中利用图像向学生进行知识传递的方法，利用影像作为"锚"为教学提供一个可以依靠的宏观背景。这些"锚"都是有情节的故事，而且故事的设计有利于教师和学生进行探索。抛锚式教学的最终目的是利用计算机或光盘等技术让学生重访真实的宏观背景，并从多个角度对问题加以分析和解决。抛锚式教学强调教学活动应围绕"锚"进行某类型的个案研究或问题情境进行设计。而且，设计应允许学生对教学内容进行探索[1]。

3. 随机进入式教学

随机进入式教学是基于认知弹性理论发展起来的一个分支，指学生可以随意通过不同的途径和方式进入所设定的学习内容，以确保学生对学习内容比较全面和深入地掌握。随机多次进入学习内容，既有利于学生巩固知识，也有利于学生全方位地了解学习内容，实现对知识的全面理解和认知水平的提高，实现不同的教学目的。随机进入式教学过程包括情境呈现、随机进入学习、思维发展训练、小组合作学习和学习效果评价五个环节。它不仅具备建构主义教学的特点，还具有以下区别性特点：教学不受时间、地点的制约；教学按照学生和所学知识的要求进行设计，但没有固定的授课模式；学生是课堂教学的中心，通过主动实践、合作交流，拓展思维深度和广度，达到主动建构知识意义的目的；强调学习过程的最终目的是完成意义构建而不是教学目标；强调利用各种信息资源以支持学习的过程，支持学生的自主学习和合作探索[2]。

二、产出导向法教学理论

产出导向法（production-oriented approach，POA）是文秋芳教授为了解决高校英语教学"学用分离"现象，经过10多年的研究和论证推出的一个新型教学

---

[1] 高文，王海燕. 抛锚式教学模式（二）[J]. 全球教育展望，1998（4）：31-35.
[2] 高文，徐斌艳，吴刚. 建构主义教育研究[M]. 北京：教育科学出版社，2008.

理论。它的原型是 2008 年文秋芳提出的输出驱动假设（output-driven hypothesis，ODH），首先主要针对的是英语专业技能——听、说、读、写、译课程的教学改革，2013 年推广到大学英语教学，并得到众多国内外学者的关注。国内多所高校教师参加了产出导向法的教学试验，并取得许多一线外语教师的多轮课堂行动研究成果。

POA 理论包含教学理念、教学假设以及教学流程三个部分。其中教学理念为贯穿合理教学假设和教学流程实践这两个过程的指导思想，直接决定了教学发展的导向和高度；教学假设是需要在教学流程中各个环节进行验证的理论基础；教学流程则是在教学理念的基础上将教学假设进行验证的载体，也就是实现 POA 教学目标的步骤和方式。

（一）学习中心说

POA 提倡的"学习中心说"是对几十年来国内外盛行的"学生中心说"的质疑和挑战。他们认为，以学生为中心的教学理念虽然比传统的"教师中心"和课堂"填鸭式""满堂灌"的教学有了进步，认识到学习主体在学习过程中的作用，但是以学生为中心的教学理念一直也遭到一些学者的质疑；教师在教学中的作用没有得到体现，而学生的作用却被不恰当地扩大；教学评价过多地关注课堂上学生之间和师生之间的互动，似乎只要有互动就能产生知识的构建，而课堂教学目标能否实现、教学效果如何，却不是关注的重点。

POA 主张课堂一切教学活动都要服务于有效的学习，学习是教师和学生共同参与的过程，既要发挥学生的学习主体作用，也不能忽视教师在课堂上的主导作用，即遵循教学的"双主"原则。而且，由于课堂时间不多，尤其是大学英语近年来课时被不断压缩，课堂教学时间更显宝贵，如果不能充分有效地利用好这些时间，教学质量和效果如何得到保证？因此，教师应该精心策划每一个教学活动，并将课堂学习与课外学习进行有机结合，互为补充。

（二）输出驱动假设

输出驱动假设是文秋芳教授在 Swain 的输出假设（output hypothesis）的基础

上提出的。输出驱动假设的对象须具备两个前提，分别是：学习者接受正规外语教育；学习者具有一定的外语基础。

  20世纪八九十年代，二语习得理论中出现了Krashen的输入假设、Swain的输出假设和Long的互动假设。Krashen的输入假设认为，可理解性输入（comprehensible input）是二语习得的必要和充分条件（necessary and sufficient condition），而对输出的作用没有予以足够的重视；Swain的输出假设则在接受输入作用的同时，补充了输出在二语习得过程中不可或缺的作用。文秋芳赞成Swain提出的输出具有四大功能：（1）提高语言的流利度；（2）检验语言假设；（3）增强语言缺口的意识；（4）培养对元语言的反思能力。经过多轮的教学实践检验，文秋芳教授发现在学习过程中输入和输出都发挥着重要的作用，而且输出的作用大于输入，甚至可以激发学习者的学习动机，提高教学效率。因此，在Swain的"输出假设"的基础上，文秋芳提出了"输出驱动假设"，对输出的作用予以更大胆的评价，认为输出的作用大于输入。

  输出驱动假设虽然选择了Swain的"输出假设"作为重要的理论基础，但两者有着明显的差异。

  差异主要表现在如下两点。第一，两个假设所针对的问题不同。Swain的输出假设所针对的假设理论为二语习得理论，核心为区分输入和输出两部分在学习者二语习得过程中所起到的不同作用。输出驱动假设所针对的问题为二语教学效率问题，其中主要针对本身具备一定外语基础的中高级外语学习者展开探讨，关注的问题为教学中的"学用分离"，假设意义在于使当下的外语教育可以更好地服从于学生未来的学习和就业两方面。所以，从上述角度出发，输出驱动假设与Swain的输出假设不同，输出假设为二语习得假设，而输出驱动假设为二语教学假设。

  第二，两个假设所针对的目标不同。Swain的输出假设所针对的目标为Krashen的输入假设。Krashen指出，二语习得的结果取决于输入信息的质量和数量，输出仅作为输入的副作用存在，并不会影响二语习得的结果。文秋芳所支持的输出驱动假设则表明教学顺序应为"输入促输出"，并指出有助于学生能力均衡发展的教学目标为听、说、读、写、译（含口译和笔译两部分）。另外，输出应在教学中占据重要地位，是教学的原点和导向，若欲使高中毕业生将过去在英语学习中所遗留下来的"惰性知识"重新拾起并融会贯通，做到真正为己所用，则需摆正输出驱动在教学过程中的位置，以便于在将过去的"惰性知识"盘活的同时，提高学生学习外语的积极性，从而真正提高教学质量，实现高效教学。此外，输出驱动假设拟定学生在职业生涯或学业道路上对应的输出能力为教学的考核对象。

概括起来，输出驱动假设主张：（1）在教学过程中，由于输出不仅可以促进接受性语言的运用，也可以激发新语言知识的学习动机和兴趣，因此输出会比输入产生更大的外语学习内驱力。（2）在教学目标方面，培养说、写、译表达性语言技能作为显性考核目标，听、读接受性技能仅为隐性目标，因为说、写、译的能力更符合社会和未来职业需求。而且，学生可以根据需要，在说、写、译中选择一种或几种输出技能作为自己的外语学习目标。[①]

三、人本主义教学理念

（一）以人为本的教育思想

人本主义思想存在三种不同的演变方式：其一为西方社会的人本主义思想和发展；其二为中国传统文化中的人本主义思想及其发展；其三为马克思主义的人本主义思想。

西方社会中的人本主义思想最初起源于古希腊，在欧洲文艺复兴时期开始盛行，结合当时社会情况来看，其人本主义思想产生的主要原因为当时西方社会所推崇的宗教势力过于庞大，对百姓造成了严重的束缚，为挑战当时宗教挑起的"神本主义"思想浪潮，人本主义思想应运而生。

与之对应的，中国同样存在人本主义思想传统。在我国尚处于封建社会时，历代贤君明主已经开始重生重德，将百姓安居乐业作为治理国家的目标。另外，当时的社会个体在谋求自己的生存之道时，也会将自身置于当下的社会关系中，以便于寻找到可靠存世之道。由此经过漫长的历史演变之后，形成了我国传统文

---

① 文秋芳. 输出驱动假设在大学英语教学中的应用：思考和建议 [J]. 外语界，2013（6）：14-22.

化中的"民本思想"。

除此之外，马克思所创立的唯物史观同样追求"以人为本"。他指出，在唯物史观的科学体系中，人应当作为科学体系理论的出发原点。人的发展与科学体系的理论核心相对应，人的自由、全面发展是历史发展进步的象征。

以人为本的精神实质具有三个表现：首先，以人为本的最终目标是人的完善；其次，以人为本的理念核心是尊重和突出人的主体性；最后，以人为本是人的生存和发展的价值趋向。以人为本在不同的角度可以解释得到不同的发展理念，下面将分别从人与自然、人与社会、人与人以及人与自身的角度来介绍以人为本所对应的发展理念：从人与自然的角度出发，对应的发展理念为抓紧社会发展，以促进社会面人群生活水平为目标，提升人的生活水平；从人与社会的角度出发，对应的发展理念为以学生为核心，以教育为基础，促进学生的全面发展，尊重各类人群的发展需求；从人与人的角度出发，对应的发展理念为加强法治社会建设，以维持社会稳定为基础，促进社会公正公平，关怀弱势群体；从人与自身的角度出发，对应的发展理念为强调社会个体个性，尊重不同个体之间存在的个性差异，满足不同个性人们的基本需求。

目前，中国教育发展的重要方针就是以人为本，关注学习中的每一位学生的学习活动。罗杰斯作为美国家喻户晓的心理学家和教育思想家，曾经提出众多影响深远的人本主义教育思想，其中包括但不限于培养"完整的人"与"自我实现的人"的教育目的观、"以教师为主导、学生为主体"的教学过程观、以"真实问题"为主的课程内容观，以及注重学生"自主评价"的教学评价观等。

（二）以人为本的英语教学理念

英语语言教学是一项实践性很强的教学工作。英语语言中蕴藏着世界各国的历史财富和文化结晶，传递着源自世界各处的新闻信息，其中参与度最高的当属英语国家，因其独有的文化特征使其活跃在世界各国中间。在实际展开学生教育阶段，由于学生自身的学习能力本身为综合性能力，评价标准多元化，例如语言基础知识、文化背景知识、认知水平以及语言能力等，导致不同学生的学习素养相差较大，而在教学中负责教授知识的教师应当在保证对学生学习素养现状充分理解、接受的基础上，将"以人为本"这一教学思想贯彻落实在教学过程中，积极创造条件满足学生提出的合理要求，以提高学生的积极性，并以此为基础鼓励学生踊跃参与多种学习交流活动，提升学习兴趣，在学生参与活动时辅助学生最大限度地提升英语水平，为日后学习西方英语国家中的文化精髓打下坚实基础。另外注意在学生学习过程中督促学生培养学习习惯，提升自主学习能力，形成良性循环，为终身学习发展打牢基础。

因此，教学过程中，教师要根据学生的个性化需求，结合社会和经济发展需求，打造学生之间友好交流学习的氛围，培养积极向上的学习团体带动学习氛围，努力提升教学水平，创造学习条件，并注意学生学习状态，促使学生提高学习效率，发挥自身良好的自主学习能动性，找到合适的学习内容和学习方法，落实学习主体的全面发展。

第三节　基于微课的大学英语翻转课堂教学模式

在传统的教学过程中，知识转移和知识内化为两个重要步骤。通常来说，教师在固定的课时将内容进行讲解以完成知识转移，之后学生通过对教师设置的课后作业实践和操作实践来实现自身知识内化，而上述知识转移和知识内化两个教学步骤中的重要过程在当下存在的翻转课堂中被彻底改变了教学形式。在当前信息技术和网络技术成果的支持下，学生可以在教师尚未展开知识讲解时，自主对知识展开学习并实现知识转移，之后在教师和同学的帮助下，在原本进行知识转移的课堂进行知识内化，至此完成了两个重要的教学步骤。翻转课堂与传统教学呈现了几乎完全不同的教学形式，这代表着不仅教学安排实现了彻底的变化，教学顺序也随之进行了翻转。

在典型的翻转课堂教学模式中，学前活动和课堂活动仍然是主要的教学部分，并没有因为翻转课堂教学模式的改变而改变原有的形式，且在这两个教学部分中均含有具备特定特征的实现链接，以保证学前活动和课堂活动两部分的教学效果能够在一定程度上做到相辅相成，从而搭建完成一个完善顺畅的教学模式。

一、课前活动

（一）创建教学视频

创建教学视频属于课前活动，在创建教学视频时，教师可以选择开放、优秀的在线教育资源作为教学视频，也可以自行创建与教学内容对应的教学视频。在这两种方式中，教师根据教学内容自行创建教学视频为常用方法。另外，在制作教学视频的过程中，教师应将教学视频中所表现的内容与当下教学内容进行关联，通过关注教学视频与当下教学内容的关联度可以将当下教学内容和教学目标实现充分结合。同样的，通过引导学生创建教学视频时，应当根据学生自身的学习素养来确定教学视频的形式和内容，例如教学视频的时长通常应控制在十分钟左右，在这个时长左右的教学视频可以帮助学生更好地保持注意力。最后，为了将教学视频融合在课前活动这一过程中，可以通过教学视频来调动学生参与课前活动的积极性和互动性，在教师创建教学视频时可采用多种视频设计方法，例如在找寻到合适的教学切入点后，将自己的教学动态与教学视频进行融合，以提高教学的趣味性，提高自身与学生的互动性。

（二）设计课前练习

在设计课前练习时，教师应根据学生现有的知识素养和认知结构对教学视频中的内容进行考量，合理控制课前练习中题目的难易程度和各类题型的数量，以便于在了解学生课前自学情况的同时，学生自身也可以充分理解运用教学视频所表述的知识点，同时增强了学生参与观看教学视频的兴趣和动力。

（三）学生自主学习

学生自主学习主要体现在教学视频创建完毕之后，学生接受并观看教学视频这一过程中。另外学生观看教学视频时可以根据自身的学习情况来把控教学视频的播放节奏。之前在传统的教学模式中，知识点由教师在固定的课时进行统一讲解，由此导致本身具有差异化的学生群体中必然存在对讲解内容接受度不同的学生个体，例如学生可能会错过某个知识点或者仅通过教师的解释尚无法对知识点进行融会贯通，导致学生群体的学习素养和认知结构相差持续加大。而在翻转课堂模式中，学生在进行自主学习时，可以通过把控教学视频的播放节奏来留出足够的时间对自己并不明晰的知识点反复琢磨。另外，在观看教学视频后，学生通过完成教师预留的相应练习题目，可以加深自身对教学视频中知识点的了解。

（四）社交媒体交流

由于学生学习习惯的不同，部分学生可能需要教师和其他同学的帮助来完成自身对知识点的学习，而在信息技术高速发展的今天，各种社交媒体可以帮助完成教师与学生、学生与学生之间的沟通过程。在学生家中，学生可以通过社交工具和学习平台与老师或其他同学进行互动，就自己在观看教学视频等自学过程中无法独立解决的问题进行探讨。另外，通过这种方式，教师也可以更方便地观察到不同学生的学习情况，并在之后收集到学生与学生、学生与自身之间探讨的问题，将其作为学生学习过程中出现的典型问题，进而完善课前练习中的题目。综上，通过社交媒体来辅助进行自主学习可以加大教师在学生中的社交存在感，更有利于增强学生对班级的归属感，增强学生群体团结，有助于消除个别学生可能存在的孤独感。

二、课堂活动

在翻转课堂模式中，课堂活动主要依赖于学生通过与其他同学之间的协同协作来促进对疑难点的学习，即在课堂情景下通过学生自身的人际协作活动来完成对疑难点的学习。教师在课堂活动中仍然需要根据教学内容和当下学生的不同学习情况展开对课堂活动的设计，并保证在设计完成后的课堂活动中应具备一定的引导性和趣味性，以调动学生学习的积极性，辅助学生将新知识内化在自己的知识结构中。在设计课堂活动时，通常包括以下几个部分。

（一）自主学习成果检测

教师通过对学生进行知识点检测来把握学生群体的自主学习情况，检测的方式包括但不限于口头提问。应当注意的是，在检测之后应将检测结果和课前学习练习结合，以全面了解学生的自主学习成果，将学生未能良好掌握的问题集中讲解。另外，教师也可以将教学中的重难点独立提出，以保证教学质量和学生的知识素养。通过以上方式进行检测后，可以提高教学效率，保证学生的学习状态。

（二）学生独立探索

学生独立探索的这一过程主要依赖于教师预留的探索空间，学生自身的学习能力和解决问题能力是这一过程中较为重要的培养方向。一般来说，在学生独立探索这一过程中，学生会在老师预留的探索空间中反复练习新知识，最终在了解掌握知识点的基础上，将教师教授的知识内化，完善自己的知识架构。

（三）协作探究

协作探究存在于学生进行独立思考探究且完成对知识点的内化后，主要强调通过学生与学生之间的协同协作来激发学生学习兴趣，提高学生对知识点的内化效率，加固学生自身的知识架构。学生在进行协作探究时可通过小组团体的形式来完成对知识点的探究学习，在这个过程中学生将会经历与不同的小组成员交流学习方式方法，交换学习观点想法的过程，而这些过程将辅助学生自主达成学习目标。另外，教师同样需要在协作探究这一过程中扮演引导者的角色，主要表现为通过为学习小组选取合适的学习策略来对学生进行引导，学习策略包括但不限于小组代表交换学习方法。

（四）成果展示与交流

在学生完成独立探索、小组协作探究的学习活动后，在学生群体中展开成果展示和交流，主要表现形式包括但不限于开展学生演讲比赛、交流学习心得演讲、评价学习小组学习成果报告等活动，给学生独立探索和协作探讨后得到的学习成果一定的展示平台，让学生共同分享学习的喜悦和成果。

（五）教学评价与反馈

当下翻转课堂的教学模式与以往的教学模式之间存在较大差异，所以在设定当下翻转课堂教学模式的评价体制时，无法将以往教学模式中的评价体制照搬照用,在评价体制中占据主体地位的评价主体、评价内容以及评价方法等均应根据翻转课堂的教学模式进行改变。第一,由于翻转课堂的教学模式中教师不再占据主导地位,因此评价主体也应更加多元化,包括但不限于教师、学习者、同学以及家长;第二,翻转课堂中包括多种学习过程,因此在每一学习过程中均可存在评价内容,包括但不限于学生在观看教学视频之后的课前练习成绩、自主学习成果、小组发言表现以及检测成绩;第三,根据不同的评价内容确定对应但不唯一的评价方法,例如针对小组发言表现这一评价内容,评价方法包括课堂观察、小组成员互相评价等。评价结束后也可以将评价得到的评价结果作为学生学习的反馈结果,并根据反馈结果作为后续教学的设计标准。

当下翻转课堂中教学环节的变化也将引起老师和学生扮演角色的变动,以往的课堂时间标准也会根据老师和学生各自扮演的角色需要重新整合。

1. 教师角色

在翻转课堂教学模式中,学生始终处于自主学习的学习状态,通过在课前练习、学习教学视频等学习过程发挥自己的自主学习能动性,在将真实的学习任务深入完成的基础上,将学习到的新知识融入自己的知识框架中,提升自己的学习素养。在以往的教学模式中,教师作为知识的传授者长期处于教学模式和课堂教授的中心,而在翻转课堂的教学模式中,教师所扮演的角色为学习的引导人和推进者,在学生遇到问题时提供必要的帮助来促使学生自主学习、自主成长。应当注意的是,虽然教师已经不再处于教学模式的中心,但是由于学生的自主学习能力仍具有一定的局限性,故教师仍处于教学模式中的重要地位,发挥着不可或缺的推动作用。另外,由于教师在以往教学模式和当下翻转教学模式中的角色发生了较大变化,随之而来的是对教师教学技能的挑战,为保证学生知识内化程度,促进学生的学习水平,教师需要根据角色变化来重新评定以往的教学内容,设计符合当下教学模式的教学环节。

2. 学生角色

当下信息技术发展迅速,不少信息技术成果已经在教育领域展开应用,涌现出大批的教育软件和教育平台,这对于当下的教学模式无疑是巨大的帮助。学习者可以根据自己学习情况选取合适的教育软件或者教育平台,并通过选取的软件

/平台获取到海量内容；教育者可以通过社交软件为学习者针对性地提供与学习者的学习内容高度相似的学习内容，社交软件包括但不限于微信、视频网站以及博客。因此，灵活运用信息技术成果，将有助于学生根据自己的学习情况调整学习步调，其中可能涉及对自身学习时间的重新安排、学习方式的调整、学习内容的规划以及学习地点的灵活变更，帮助学生提高学习效率，有效加固知识框架。翻转课堂中的学生作为学习过程的核心角色，主要参与课前活动和课中协作两个部分，即在课前活动中发挥自主学习能力接受新知识，完成从老师到学生的知识传递；课中协作时在老师的启发下充分发挥自主能动性，与同伴合作解决困难，在实现学习自由化的基础上发挥自己的自主性，实现个性化发展。综上，翻转课堂的教学模式为学习者搭建了一个需要进行协同协作以实现自我发展的自主学习空间，其中必不可少的就是学习者自身对学习过程的高度参与，其次是通过学习者与同伴、学习者与老师之间的思想交流和观念碰撞促成自身对知识的内化，完善学生的知识框架，把教学模式中的核心角色交给学生。

3.课堂时间

翻转课堂的教学模式与传统的教学模式之间的主要不同之处在于知识的传授部分和内化部分。翻转课堂中知识的传授部分位于实际授课之前，有效延长了知识教与学的时间，并通过学生自主完成的方式培养了学生的自主能动性；知识的内化部分则从课后作业部分转移至课堂内部的学习活动中，对教师提出合理分配课时、提升课时效率的新要求，由此翻转课堂的教学模式呈现出另外一个主要特征，即课堂活动和时间的规划。另外，从翻转课堂教学模式具备的核心特点可以看出，由于主要讲授的内容被安排在课前学生自主学习的部分，有更多的空间留给了学生来完成课堂活动，因此教师在设计课堂活动时，需要将讲授内容与现实生活结合，保证创建得到的课堂活动具备一定的真实性，让学生在具备真实性的课堂情景中完成对知识的探索发现，增强学生群体内部的互动。

第四节 基于微课的大学英语翻转课堂教学实践

一、基于微课的大学英语翻转课堂的可行性

（一）大学英语教师具备实行翻转课堂教学的能力

首先，大学英语教师基本都经历了高学历的学习，多数教师年龄不大，具备快速接受新事物的能力和素质。大学英语教师不仅具备一定的语言和教学知识体系，而且在很大程度上能够将自己的语言学习经验和教学结合起来，具备进行创新性教学的能力。这是大学英语进行微课教学资源开发、实行翻转课堂教学所必不可少的人力资源。

其次，大学英语教师的信息技术应用能力可以为翻转课堂的实施提供必要的技术保障。21世纪以来，我国大学英语教学改革一直提倡将网络、多媒体等信息技术与英语教学结合起来，这一政策使大学英语教师对计算机的使用已具备较好的基础。教师在计算机网络的使用、文献信息和网络资源的搜索和利用、课件的制作等方面具备较好的素养，这为顺利实施翻转课堂提供了良好的技术保障。

（二）大学生已具备实施翻转课堂教学所需的学习能力

1. 大学生已具备基本的自主学习能力基础

大学生已具备进行微课学习所需要的基本自主学习能力。近年来，从小学、初中到高中的各个阶段的学习都在强调学生自主学习能力的培养，因此大学生已具有较强的自主学习能力，完成微课的学习对他们来说不是太大的问题。从整体来看，我国大学生的英语自主学习能力总体上可能不是很强，但是作为语言学习者来说，基本的自主学习能力还是具备的，关键是学生要以积极的态度对待英语学习，树立正确的学习动机和合适的学习目标，为大学英语以微课学习为基础的翻转课堂实施提供学习者层面的保障。

2. 大学生已基本具备较强的语言表达能力

学生良好的英语表达能力，使课堂交流基本得以实现。总体而言，学生已有的英语表达能力，经过训练后可以达到基本的交流水平，虽然语言可能比较简单，

也会时不时有些错误，但借助一些工具和教师的帮助，学生就可以用英语与他人就学习心得和个人观点进行交流和分享。

（三）实行翻转课堂的基本条件

1. 现行的教学模式为翻转课堂和微课教学提供了技术基础

近年来，随着我国大学英语教学改革的不断深入，传统的"一支粉笔＋一张嘴＋一本教材"的教学形式正在逐渐消失，取而代之的教学模式为"多媒体集中授课＋学生线上自主学习"。在当下盛行的这一教学模式中，教师根据自己的教授内容制作课件并上传到多媒体平台，其中课件的形式包括但不限于Powerpoint等多媒体课件。之后学生在老师给出的学习标准下完成对相关课件的学习，并根据课件上的内容和自己对知识的掌握来完成课前预留的练习。最后在与教材对应的教育平台或者教育软件上达成学习目标。如上文所述，当下盛行的教学模式可通过多种媒体工具来辅助完成授课，在教学过程中加入了不同形式的刺激，例如教学视频可从图、文、声、像四个维度向学生发出不同的刺激，在丰富教学活动的同时在一定程度上改变了以往以老师讲授为主的教学形式，提升学生的学习积极性。自主学习模式将学生放置在学习的主体地位，并因此满足了学生的差异化需求。与此同时，有学者调查发现，现如今的教学模式仍然存在亟待解决的问题[1]：第一，在教师创建的教学课件中，多存在视频形式的教学课件，而学生在通过观看教学视频进行学习时，常因为自己的学习需求与视频课件内容不符，导致自己无法完全理解视频中的内容，也没有足够的时间来保留课件信息，久而久之会产生对学习的挫败感，失去学习兴趣。第二，在固定的课时内，学生单纯依靠观看课件并不能发现自己对知识点的不解之处。课件展示使教学方式更倾向于知识单方面的输出，作为接受者的学生并不能将知识掌握内化，也没有摆正学生在教学模式中应有的核心位置。第三，学生在进行自主学习时的效率和效益总是与预期具有一定的差距，原因有二，其一是因为学习平台的功能尚不完善，与教材对应的信息较少，无法满足学生的学习需求；其二是当下学生普遍自制力不足，在进行自主学习时由于缺乏老师给出的外界监管和严格指导，不能真正实现高效

---

[1] 刘淑香. 浅析高校多媒体课堂教学的质量问题[J]. 理论观察，2010（3）：103-104.

的自主学习。综上，利用多媒体教学暴露的问题显而易见，充分发挥多媒体教学优势的前提即在教学过程中不断试错、不断完善，找到合乎教育理论且贴近现实情况的大学英语教学模式。现行的多媒体教学课件和网络自主学习平台可以为微课教学的进行和翻转课堂的实施提供基本条件。

2. 现代教学设备为翻转课堂和微课教学提供了设备保障

根据"多媒体集中授课＋学生线上自主学习"的教学模式展开大学英语教学的高校现如今已基本确立，这些高校中关于计算机、电子阅览室以及自主学习平台的使用已经普及，为实现基于微课的翻转课堂模式进行大学英语教学打下了坚实的基础。

二、以微课为基础的翻转课堂教学的效果

在大学英语翻转课堂教学模式中，微课视频通常被用于课前阶段的自主学习，主要目的是通过灵活丰富的形式进行与课文学习内容相关的语言知识讲解，并布置合适的多元化的课前学习任务，可以是笔试形式的练习，也可以是口语形式的汇报、讨论、辩论等。微课视频可以从互联网上寻找合适的资源，或者自己拍摄制作视频，也可以通过对网络视频进行必要的剪辑加工处理。学生课前进行微课的自主学习时，需要对视频内容中的难点和重点进行记录，向学习伙伴或教师进行在线咨询，或在之后的课堂听课时予以更多的关注，现场向同学或教师当面请教。课前学习任务的检查，可以根据需要安排在课前自主学习时完成，也可以在课堂上测试。查测的目的是让学习者更好地理解并掌握相关知识，也为教师了解学习者的学习情况并做出教学安排提供依据。课堂上的交流、分享等小组协作等活动的主要目的，是帮助学生理解和吸收所学知识，完成知识的内化过程，并进行知识的固化。课后学生须在教师的指导下对所学的知识进行回顾和反思，自主运用知识进行创新应用，以进一步实现知识的固化。

以微课为基础的翻转教学，使传统的课堂教学发生以下四个改变。

（一）教师的角色发生变化

教师从传统课堂上语言知识的传授者变成学习的促进者和指导者，学生的主

体地位也得到充分体现。教师和学生共同完成学习过程，正如张金磊老师等所发现的那样，教师的地位不仅没有被削弱，反而更加强了：教师也成了学生获取资源、利用资源、处理信息、应用知识的真实情境中的"脚手架"。①

（二）学生的角色发生了转变

因为翻转课堂的个性化学习，学生成为学习过程的主角，而不是传统课堂上被动的知识接受者。他们可以自定学习步调，自主选择学习时间、地点，甚至是学习内容。课堂上以小组学习或讨论等语言实践形式完成对知识的理解和吸收，实现知识的内化。一部分掌握知识快的学生可以帮助其他学习者进行学习，相当于承担了部分"教"的责任，也就是说，他们由知识的消费者转变成知识的生产者。

（三）传统的教学时间得到重新分配，学生的语言实践机会大大增加

传统课堂中需要花费大量时间进行的语言知识讲授被转移到课前的网络视频学习，在基本的知识传递量不变的基础上，增加了课堂上教师和学生以及学生和学生的互动交流。经过充分的课前学习，课堂上的教学时间分配得以重新调整，学生有了更多的机会与学习伙伴或教师进行更多的有效交流，有利于知识的深度内化，从而进一步提高学习效率。

（四）学习者的自主性和创新能力得到提高

由于翻转式学习鼓励学生进行课外自主学习，自主决定学习时间、地点、内容、方式、目标等，有助于培养学生的探究和自主创新能力。课堂上的交流、分享和讨论等活动，有助于培养学生的合作能力、创新能力、集体凝聚力等。

三、基于产出导向理论的翻转课堂在大学英语听说课中的应用

（一）基于产出导向教学理论的大学英语听说翻转课堂教学模式构建

产出导向教学理论自提出以来便在学术界产生了深远的影响，同样的，在大

---

① 张金磊，王颖，张宝辉，翻转课堂教学模式研究[J]. 远程教育杂志，2012，30（4）：46-51.

学英语教学实践中也根据该理论多次进行研究调查，并在调查之后有了一定的成果。其中，将该理论应用在大学英语教学实践中的核心原因为，该理论中的"促成"和"评价"这两个实践环节可以与"翻转课堂"教学模型完美结合。在传统的大学英语课堂模型中，产出导向教学理论可能只停留在研究和探索层面，无法得到广泛应用，因为传统的课堂时间大多被分配于教师讲授，而没有太多的时间留给学生进行语言实践。只有通过翻转课堂教学模式，辅以现代网络技术，产出导向教学理论才能进入语言实践环节。"翻转课堂"是根据相对传统的"课堂教学+课后练习"的教学模式提出来的。课前的自主学习环节中，即产出导向教学理论的"驱动"阶段，学生可以通过多种方式来辅助进行自主学习，例如通过观看微课视频讲座、收听博客以及阅读相关电子书籍来完成自主学习过程，并且对将要达成的学习目标形成驱动作用。在课堂上，教师需要对学生"产出"的任务完成情况做出相应的评估，并通过讲解和交流讨论等方式对重点和难点知识进行解释。

与传统的"先教后练"的教学模式相比，这种"先学后教"的翻转课堂，实现了语言学习从"输入驱动型"到"输出驱动型"的转变。教师的角色从教学内容的传递者转变成指导者，这正是产出导向教学理论体系所主张的教师在教学过程中的"主导作用"。文秋芳指出，"鉴于目前移动技术的普及，产出驱动这一环节可以拍成视频，或者制作成微课，让学生在课前学习。课上教师只需要检查学生对视频、教学目标和产出任务的理解情况即可，这样可以腾出更多时间进入第二个阶段"。[①] 这里的第二阶段就是指产出导向理论中的"促成阶段"，学生在翻转课堂中的产出需要依赖于课前诸如微课视频等方式的学习或者同学之间的交流过程。翻转课堂的核心在于产出导向教学理论中输入学习和产出运用两部分之间的协同协作，具体可表现为：学生在课前输入学习时提高了自主学习能动性，产生了自我学习的驱动力，进而在之后的学习中会根据自己的学习情况对学习节奏和具体知识内容来实现把控，例如在本不属于学习规划的课余时间展开学习，并根据学习内容在课内与老师和同学进行交流，加固了原有的知识框架，加快了新知识的内化节奏。

---

① 文秋芳. 构建"产出导向法"理论体系 [J]. 外语教学与研究，2015（4）：547-558+640.

大学英语听说教学中包括两个部分，即"听"和"说"，而在以往的教学模式中，整个听说教学过程均在固定的课时之内进行，又因为课时长时间固定，教学过程中本应存在的互动环节大大减少，教学环境更偏向于"输入驱动型"，而学生在该教学环境中主要作为教育的被动接受者存在，基本不会涉及自主学习能力的锻炼和提升。在当下以产出为导向教学理论核心的教学模式中，学生在课前发挥自我能动性完成对教学课件的学习，例如观看微课视频、相关电子文件等等。在学生自主进行课件学习的过程中，随着对课件中交际场景的了解逐渐加深，促进自己将知识内化，提升"听"英语的能力。而在课前学习课件的最后一部分中，学生会找到教师布置的学习任务，从而激发学生的学习驱动力，促使学生在该学习驱动力下练习并产出。之后，学生将根据自主学习后的产出在同学之间展开交流，教师对交流时产生的意见分歧进行引导，以拨正学生前进的方向；同学对交流时出现的声音和观念从不同的角度去思考，在给出较为全面评价的同时也促进了自己的成长。由此，翻转课堂教学模式中的"检查"与产出导向教学理论中的"评价"所发挥的作用基本相同，因此也可以将"检查"视为"延时评价"，而在评价过程中所使用的评价标准，则应当由教师发挥指引作用，围绕产出任务的对应要求，结合学生的学习情况、教师的教学进度以及课件内容等实际情况后制订具体的评价标准。另外，最终的评价标准维度可以为表述内容、表述逻辑、表述内容的感染力、表述形式等等，但应对其中的每一评价维度设定分值和打分标准，设定分值可以是百分数或者百分制，也可以抛开数字形式，设定为优良差三个类别。应当注意的是，在设定学习任务时，需要将学习成果的提交形式和提交时间标明，保证信息可以清楚、完整地传递给学生，以便于提高之后的课堂效率，在保证"说"这一环节得以高效进行的同时增强学生在课堂上的参与度。至此，在产出导向教学理论指导下，依赖于翻转课堂教学中学生的主动学习和输出，成功组建"输出驱动型"的学习过程。

（二）产出导向教学理论下的翻转课堂教学模式在大学英语听说课中的实践

在根据产出导向教学理论进行实践教学时，需要将教学过程分为驱动、促进以及评价三个环节，以便于保证产出导向理论可以在实践教学中贯彻落实。通常来说，教师在驱动环节开始之前将教学课件创建完毕，在正式进入驱动环节后，会在下发教学课件之后预留一定的时长，以保证学生对教学课件的学习了解。在这一过程中，教师下发的教材课件包括但不限于微课视频、电子书以及学习网站。与教材课件一并发放在学校自主学习平台的资料也包括上文提到的学习目标和产出任务，其中教师在设定产出任务时同样需要遵循上文所描述的对学生学习成果的要求，即清楚与完整。另外，教师下发教学课件时的预留时长一般在三天左右。在之后进入的促成环节中，学生在清楚地了解到任务要求后，如果存在自己无法独立解决的困难，可以利用交流平台在其他可能面临相同困难的同学之间展开沟通，也可以利用交流平台将沟通后仍然无法解决的问题向老师提出。在老师收到后，根据学生提出的问题和学生自身的学习情况判断是否需要给予一定的帮助，若需要，则注意在实际给予帮助时，不可自行提供核心内容，应仅提供一般性的帮助，时刻注意引导学生自己来完成学习探索。在评价环节中，由于学生与学生、学生与教师之间的交流过程主要在课堂上进行，为保证教学效率，评价环节同样需要在课堂上来进行，又因为整个教学模式涉及不同形式的学习过程，所以评价环节中所包括评价维度有自我评价、同伴评价以及教师评价三种。在实验开始时，由于学生之前很可能并未了解过评价方法，为了防止学生在实际评价时得到与实际结果偏差较大的结论，前期系统地给予学生如何设定自己的评价标准、如何正确地使用评价标准以及如何根据实际情况调整评价标准等指导，且应提高教师评价在整体评价环节中所占比重，将自我评价和同伴评价所对应的比重合理下降，例如将教师评价设定为 60%，将自我评价和同伴评价均设定为 20%。随着实验的推进，当发现学生在运用评价标准后得到的评价结果与实际情况较为贴切时，可以将三种评价标准所对应的比重进行调整，例如将自我评价和同伴评价设定为 30%，将教师评价定为 40%。

在课堂上展示任务完成情况时，可采用的形式包括但不限于学生之间进行成果分析、在课上以小组形式进行讨论以及参加课上测验等形式。在学生采用以上方式将自身的学习任务完成情况向教师和其他同学展示完毕之后，其他同学或者教师应就同学的任务完成情况及时给出自己的评价，另外也可以要求学生结合自己的展示成果来展开自我评价，以上两种方法均有利于提高学生学习的积极性。

对于成绩较差的同学，可在课后辅助复习，并对作业结果重新打分，以保证成绩达标。教师需要对学生的自我评价、同伴评价和教师评价的三项评分展开综合统计，并以他们的整体表现为依据，来确定最终分数，以此作为学生在这次任务中的最后得分。

　　实施此教学模型时，教育工作者应考虑以下事项：第一，在英语中，应该结合学生们实际的英语水平来创建或选择各种材料，这些材料包括但不限于课堂视频、热阅读和在线资源，之后确定对于学生来说易于解决的任务，并将其详细标明。通过这种方式，学生在根据自身情况确定自己的教育需求后，也可以结合标明的任务来确定自己的学习目标。另外，教师给出的任务形式不应当局限于某一种，例如任务形式可以是在教课视频等学习视频中，对词汇和句子进行的跟读练习，也可以是在发布资料中，回答一些问题，还可以采用小组讨论的方式，要求组员们表达自己的观点，从而完成对问题的讨论。第二，同学们要反复观看老师提供的短片等材料，并确认自己已经做完了作业单上的全部条目。第三，在课堂上，教师不仅要对学生的词汇和句型产出情况进行评价，还需要根据学生的反馈情况，以及教师在自主学习交流及课堂活动中了解到的普遍问题，对其进行集中讲解，利用启发式教学，引导学生解决课前自主学习中遇到的重难点问题，帮助其熟练掌握知识。

　　在进行课堂前自主学习的过程中，老师们可以积极地参与到在线讨论中，并且表达出自己的看法，老师们将会对这些学生进行适当的奖励，从而提升他们的期末总评成绩。

第六章 当代大学生英语能力的培养

在以往的传统教学模式当中，就外语课堂教学而言，外语的知识教学是其中的重中之重，学生的自我能力培养反而在外语知识教学之后。当下进行英语能力培养时，则是认为学生能力的培养和外语知识教学应当并列首位。本章主要论述当代大学英语能力的培养，从三个方面展开介绍，分别是英语交际能力的培养、自主学习能力的培养以及情感能力的培养。

第一节 英语交际能力的培养

我们在提到对学生进行英语交际能力的培养时，一般指的是从听、说、读、写四个方面进行全面培养，本着将本书所述的观点简单明了进行介绍的原则，在此将仅就英语教学当中普遍涉及的方面来展开介绍，即针对口语培养方面进行介绍。

一、交际能力的界定

交际能力这一概念在海姆斯的《论交际能力》一文中首次提到，在这位社会语言学家的文章中，交际能力被描绘成是多个能力系统相互作用的结果，而在全部的能力系统中又以语法系统、心理系统、社会系统以及文化系统为其中典型的能力系统。而在之后，维尔金斯在他的意念大纲中又明确指出，作为一名语言学家的他认为传统意义上的语法大纲和情景大纲具备不可忽视的局限性，此外，在《论交际能力》当中，威尔金斯将语言交际中存在的意念和功能项目做了举例说明，并以此为中心展开介绍了语言交际能力的相关内容。至此，开始有较多的应用语言学家在了解了文章之后，针对海姆斯理论当中对交际能力的划定标准展开了持续的争论。在这些应用语言学家之中，影响深远的学者当属英国应用语言学家克里斯特尔和加拿大的卡内尔和斯威恩。

克里斯特尔曾经指出，交际能力和语言结构当中的语言能力侧重点并不相同，交际能力更侧重于，使用相同语种的人群在与彼此进行交往、表达观点的过程当中，合理运用语言能力。

在卡内尔和斯威恩共同完成的第二语言教学与测试交际教学法的理论基础中，将有关交际教学法的理论和研究成果进行了相对系统的介绍，两位学者在其中的理论介绍部分指出，交际能力应当由以下三个方面构成：

（1）灵活运用语法的能力，其中内容以语音、词汇、词法、句法以及词义为主；

（2）运用语言进行社会交际活动的能力，其定义为使用语言的社会文化规则与语篇规则；

（3）合理使用策略的能力，即为使交际顺利进行而采取的语言与非语言交际策略等。

经不断探讨，交际能力的组成部分又增加了"理解与使用语篇"的能力，语言的社会功能已具体化到问候、介绍、告辞、请求、致谢、赞美、祝贺、道歉、原谅、建议、同意与不同意、批准与不批准、承认与否认、同情、鼓励、申诉、劝说、允许、许诺等项目，口语中使用语言的策略也具体到怎样开始会话、维持对话、推迟答复、要求重复、澄清事实、打断或纠正对方、表示犹豫与结束会话等方面。

应当注意的是，学者们没有在发展的层面上就怎样将各种能力进行系统培养展开介绍，但这并不影响它的实用价值，而且上述知识框架也确实从多方面分析了海姆斯的本意，目前在应用语言学界当中已得到了广泛认同。

二、培养英语交际能力与语法教学的关系

可以较为清楚地了解到，在以往进行语法教学时的侧重点和当代外语教学中的交际能力培养侧重点是不一样的。在当代进行语法教学时，并不是完全不涉及交际能力的培养，其中较为典型的例子包括但不限于从有目标、有方向地进行语法练习，到将语法放入具体的情景当中进行练习，再到与他人展开语言交际的"三步走"。在上述学习方法当中，涵盖了对语言交际能力的评定，而我们之前提到的掌握语法能力也属于这里的交际能力。但是在我们当下进行实际教学时，也不应该将语法课程和交际能力培养课程两种混为一谈，而是应该将这两种课程的培养目标和核心培养点进行区分。

在我们进行语法教学时，应当时刻明确教学目标，即我们的教学目标除了让学生学会运用语法知识之外，还可以将语法融入日常生活中，以便于进行社会交际。通俗来讲，我们可以把语法教学看作是语法知识教学和日常生活当中的交际活动之间的桥梁；但准确地说，语法教学的侧重点并不在教会学生如何进行日常社会交际上，因此并不属于系统的培养交际活动教学，但是在培养交际能力课程当中，语法教学则成为基本工作，所以侧重点自然而然地放在了培养学生提升自身的交际能力。两种课程的核心内容并不相同，在根据交际教学法发展得到的项目型与任务型教学中，可以直观地看到这一点。

三、课堂教学中培养英语口语交际能力的方法

在展开课堂教学时，发展英语口语交际能力的核心方法包括几种。

（一）小组活动

以小组的形式推进学生的自我学习，可以有效促进学生之间的团结，同时也可以提高学生学习的自主性，因此，本书提倡采用小组形式来促进学生进行自主学习，为了让学生有更强的参与感，小组人数应该处于4到8人之间。通过采用小组的方式展开教学，可以有针对性地提升学习水平，找到合适的学习方法，但同时也应当注意这种形式存在的缺陷，即在限定小组人数的前提下，学生的交际范围同样也被限定，如有必要，可以将小组教学方式和其他形式的教学进行结合，例如以小组教学前提，随机打乱之前划分好的小组，扩大学生的接触面。

（二）模拟与角色扮演

在学生采用小组的形式来进行自主学习时，可能会用到模拟和角色扮演的形

式来促进彼此成长，而这些学习方式将会同时扩大学生的成长空间。例如，学生在小组内扮演不同角色时，可能会需要使用符合不同角色的语言来表达不同的观点和态度，由此就实现了良好的语言练习。

（三）讨论与辩论

在我们培养学生提高口语能力时，通常所采用的方法均涉及实际的口语练习，而在不同的口语练习形式当中，讨论和辩论又是其中比较有效的一种方式。这种方法在锻炼学生自身的口语能力的同时，也能够提高学生的思维和认知。在学生进行辩论时，学生需要根据即时出现的口语表述来组织自己之后的发言，对于提高学生灵活运用语言的能力是十分有效的。

（四）多媒体与网络教学的运用

在以往的英语教学过程当中，学生往往会因为课本的局限性而导致自己的外语能力不能得到有效提升，但在使用多媒体和网络教学之后，带给学生的这种局限感则会在一定程度上消除。首先，多媒体作为现代信息技术的成果之一，可以为学生提供生动的教学形象，进而搭建多元化的、合理的文化背景。其次，计算机可以实现与同学之间的语言交互，而这毫无疑问地可以促进学生语言交际能力的提升。在使用网络教学对学生展开外语能力培养时，能够构建学生与以外语为本族语言的人群之间的沟通桥梁，这无疑创建了一种独特的学习情景。对于如何运用多媒体与网络教学，提高学生外语交际能力这一问题，将在其他相关章节进行讨论。

（五）任务型教学

不少应用语言学家和外语教学工作者在"后方法时代"加快听、说、读、写教学技能的发展后相继提出了一个共同观点，即在进行交际能力培养时，如果仅提高学生自身的语言技能，那么将会使学生本身具有的其他技能机械分离，这将可能导致学生不能很好地理解语言意义。在这之后，学者们经过对培养交际能力方法的研究，认为任务型教学存在很大的研究空间。

任务型教学就是从实际生活出发，按照教学目标选取一个任务，以任务为中心，以发展学生语言交际等能力为目的，以传授外语知识为方法，在当代被视为一种更好地发展语言交际的手段。

第二节 自主学习能力的培养

无论哪种外语学习形式均可以被学习者经过主观努力后实现，即学习者自主学习能力与学习效果相对应，两者呈现正相关的对应关系。但是，在课堂中展开的外语学习与在校外进行的自学外语教学需要并不一致，将两种教学方式对比之后我们可以看到，在课堂中展开的外语学习的教学是需要依赖于学生在教师的指导下，根据教学目标和大纲，展开以班级为单位的外语学习。这种学习方式需要学生与其他同学进行合作，所以学生与其他同学之间合作关系的经营情况也将映射在最后的外语学习效果上。

自主学习是协作训练的中心环节。在教室里，协作训练不仅是自主学习的延伸，同时也是教师参与的必要环节。让学生在英语教学中发挥主观能动性，实现自主英语教学，因为两者之间存在紧密联系，所以最好实现两者的有机结合，做到互相协作、互相激励，而不是发展某一方面、某一环节导致忽略了彼此。另外，过分强调某一方面而忽略其他方面，不仅不利于学生的全面发展，而且也不利于其英语水平的提高。

一、外语课堂教学中学生自主学习能力的界定

霍雷克是一位在自主学习能力领域颇有建树的学者，他指出，学生的自主学习能力应该是在管理自己形成良好学习习惯的基础上，取得良好学习成果的能力。另外，奥克斯福德教授对外语学习策略动机与教学方法论研究后，对自主学习进行了总结，她认为，当今应用语言学界关于外语教学中学生的自主学习是从以下四个方面展开研究的。

（一）技术方面

在外界环境方面，技术方面的侧重点与学校教育中的侧重点较为不同，这些

不同之处包括但不限于如何为进行自主学习的学生提供合理的外界条件、如何辅助学生制订适合自己的学习策略以及在学生展开学习时如何保证足够的物质供给等等。这方面的探讨源于以往对自学外语的研究，历史比较悠久，近年来又得益于高科技的发展，因而讨论比较充分，研究内容十分丰富。

（二）心理方面

学生进行自主学习时如何保持良好的心理状态，是目前刚刚开始的一项研究，但至今为止已经在建构主义心理学方面吸纳了较多研究成果，其中将研究成果进行结合，得以解决的问题包括但不限于如何在培养学生发展自主能力时引导其自身维持良好的心理状态、如何在解决以上问题时确定合适的智力与情感因素。

（三）社会文化方面

一般来说，社会文化方面泛指两部分内容，其一是指在学生处于社会环境中，经过学校或者其他培养对象的帮助来发展自主学习能力时，可能会遇到的认知问题和其自身形成的知识框架特点；其二则是指不同的社会文化在面对学生发展自主能力这一教学模式时所表现的社会看法以及培养策略。例如，西方社会和东方国家在培养学生时所采用的传统教育方法并不相同，所以在面对培养学生自主能力的教学模式时，可能会采用不同的方法。

（四）政治批评方面

在政治批评方面中，具有代表性的内容包括但不限于自主学习者可能会因为所处社会当下的政治风气和思想变革带来的影响以及他们本身具有的权利。

至此，我们可以清楚地了解到当下应用语言学界开展自主学习能力研究时，主要将"自主学习"的概念拓展至以下方面：

（1）自主学习的环境与条件。

（2）自主学习所需具备的技能。

（3）自主学习能力与学校教育的关系。

（4）自主学习者必须培养与行使的责任。

（5）自主学习者决定自己学习方向的权利。

近年来，关于自主学习的讨论改变了以往关于自主学习的误解，其中在过去较为突出的误解之一是人们通常会将自主学习和自学外语两者画上等号，但实际上，自主学习强调的是一种能力，而自学外语强调的是一种课堂教学方式，两者在定义上就已经体现了较大不同。可以说，自学外语的所指对象远小于自主学习的所指范围。另外也有人认为，自主学习就是学生自己对自己进行管理，包括完成自我教学过程，教师可以放弃对课堂的管理考察。这当然也是错误的，并且这种观念导致出现了一些学生的自我管理"失控"，从而未达到教学预期。在近年来研究"自主学习"界定的过程中，有关自主学习环境与条件的创造以及技能培养等方面的讨论都充分注意到教师在培养自主学习能力中的重要作用，此外，也有人认为，自主学习仅存在于整个教学过程当中的某一环节，未能将自主学习这一教学理念在整个教学模式当中贯彻落实。现在我们可以看到的是，这些错误的教学方式对培养学生自主学习能力都存在一定的不良影响，在降低教学质量的同时也不利于提升学生学习的积极性。

随着对这些误解的澄清，人们对自主学习能力的界定有了比较全面而深入的认识。然而，在具体讨论的过程中，人们对这个表面看来很简单的概念仍然有着不同的理解。有些学者的研究实际上侧重于脱离学校教育与教师指导的自学能力；有的则探讨如何设立支持自主学习者的研究与活动中心，开展辅助各类自主学习者的社会活动。尽管上述内容在培养学生自主学习能力上的研究现状十分相似，但应注意的是，这三方面所针对的研究对象和主体内容存在不可忽视的差异：前两方面的研究主题更侧重于学生在完全独立的情况下如何建立良好的学习状态、找到适合自己的学习策略以及如何在学生完全无人指导的环境下准备自主学习需要的语言教材；而最后一种研究则侧重于学生在进行自主学习能力培养的同时，如何发挥教师的引导作用、如何结合学生的学习情况制订合适的教学策略以及如何将上述问题与学生自主学习、合作学习进行有机结合。在最后提到的一种研究方式中，需要日常与学生密切接触的老师发挥自己所长，在实践中进行上述问题的研究。本书将对如何在课堂教学环境下合理调整教学策略，拔高学生自主学习水平展开探讨。

二、外语课堂教学中培养学生自主学习能力的途径

不管是哪一种自主性学习，其前提是学习者具有对自己负责、对自己进行管理的责任心。学生自觉学习的责任感与主动学习意识紧密相连，可以说，没有学生自觉学习的责任感，就没有学生的主动学习意识。这一点在课堂上表现得尤为突出，在传统的外语课堂教学中，教学侧重点是学生们坐在教室里，跟随老师的脚步完成学习，整个教学过程中忽略了对学生的自主学习教育，未能有效提高其自身的责任感。这就导致这类学生通常不会像脱离学校教育的自学者一样，始终拥有明确的目标和动力，因为在这种教学过程中他们不需要自己制订学习计划，独立寻找合适的教材和学习方法，并以强大的意志力坚持下来。所以，学生们自然而然地存在了"做一天和尚撞一天钟"的心态，而这种教学方式难以对学生的自主学习能力进行培养。用这种方法进行英语教学，虽然可以使学生在一定程度上掌握英语，但是这种方法不能满足当代对英语教学的需要。因此，在新一轮的英语课堂改革中，教师应把培养学生自主学习的责任心放在第一位。

要想提高学生对自己学习的负责程度，在做到让学生充分了解这么做的原因后，要更加注重发挥英语课堂教学的优势，引导对学生产生对自己学习的责任感。在本书的研究过程中，我们做了如下工作。

（一）明确外语教学目标

明确外语教学目标是引导学生产生对自己学习的责任感、提升学习自主性的第一要义。在传统的英语课堂中，由于教师和学校共同制订了教学目标，所以学生并不了解教学目标在制订过程中的注意事项和制订方法等内容。就算是责任心较强的老师进行教学时，关于教学目标的商定和沟通也几乎不存在。更多的时候是以老师为教学核心，在课堂上发挥引导作用，传授学生们语言知识。某些学生在一整节课快结束时，才会在老师的简要小结中明白为什么要了解语言知识背后的原理，更多的学生则不会通晓其意，处于知其然但不知其所以然的一种状态。所以，要让学生充分理解与学习目的对应的教学指导思想，而不应当纸上谈兵。在展开实际教学过程中，首先应明确一点，即在制订外语课程目标时，需充分调动学生的积极性，这样才能让学生对每一学期、每一阶段的目标都建立起清晰的

认识，另外还可以针对目标来发表自己的见解。其次，在进入每次的教学环节时，都要向学生传达对应的教学目的，并且要求他们和老师一起合作，达到对应的教学目的。

在教学过程中，教师要注意倾听学生对教学目标的建议，结合当下的教学情况将其采纳。教师对教学目标的关注，可以让学生在课堂得到学习提升的基础上，促成学生与教师的合作关系，提升学生对教学内容的掌握程度。另外，也可以让学生制订自己的学习方法，从而提高学生的自主性。

（二）提高独立思考、独立发现与解决问题的能力

有报告显示，在外语教学中，提高学生自主学习能力的教学主要包括三个方面，即时刻关注学生独立思考、独立发现问题以及提出和解决问题的能力。在传统的外语课堂中，学生不会对教学大纲和教材的规划进行讨论，也不会对出现的词语、句式及重难点做出详细注释，教育活动以模仿和重复性的练习为主，且练习时的答案又都是标准而统一的，整个过程学生仅处于被动接受灌输的状态。

即便偶尔有学生就自己的想法提出问题，也往往被认定为与教材内容无关，在主要的教学过程中被忽视。在外语课程中，学生自身对外语产生的文化背景并不熟悉，而在传统的教学过程中，学生几乎没有自我成长的空间。而教学时间的增长无疑加大了学生对老师和教材的依赖性。当学生脱离课堂之后，自主学习便无从谈起了。

在实行本书所提到的教学模式时，提倡鼓励学生对外国语言规律的独特性展开思考。例如，在开启对新科目的学习前，引导学生首先自己找到部分语言点，例如新词或者短语，尝试自己去解决某些在一定程度上比较棘手的问题，之后老师在完成上述步骤的基础上做好学习总结。另外，在进行话题演讲、情景对话等口语活动的教学环节中，老师都应当提倡学生通过外语来参与活动，并在活动中展示自己的学习成果。

当然，要进行创造性的学习，首先就要对外语的语言规律有一个牢固的把握，要避免出现脱离了正确规律而胡乱造句子的情况，或者用汉语拼音来"创造"单词的学习风气。另外，要让学生学会使用相关书籍来进行学习参考，或者利用上

网等方式获得学习资料,并从中找到适合自己的学习材料,这也是一个提升学习能力的重要方面。对学生而言,课堂时间和老师的讲解都是有局限性的,要想学好一门外语,需要自己花费大量的时间和精力来进行自学。在这种情况下,学生根据参考书籍和网络来获取知识的能力直接影响自学的成果。这需要教师在课堂教学中有针对性地展开教学,不仅能使学生的能力和外语学习水平在一定阶段会有提升,同样也可以使他们在课堂之外轻松地完成自学,甚至是离开了学校之后也可以终生受益。

近几年来,随着信息技术的快速发展,师生之间的互动交流也日益频繁。因此,如何让学生能够自觉、高效地利用技术成果进行学习,已成为培养学生自学能力的关键环节。

(三)帮助学生分析、了解与发扬自己的学习风格

在培养自主学习能力的过程中,也要注意结合特定的教学要求来选择符合自己学习特点的学习方法。由于学生群体之间存在差异化,因此在学生进行外语学习时,出现了不同的学习风格,例如外向型与内向型、冒险型与腼腆型、主导型与无主见型。在传统的外语教学中,由于教师处于主导地位,导致学生之间的个体差异不被重视,更为强调的是学生保持与老师相同的学习节奏,与老师方法不同的学生,可能被认定为不符合老师的教学要求,并一律受到压制,这就导致了一部分原本可以在外语学习中表现优秀的学生变得落后。

另外,有些学生外语学习的风格同样存在着一定的不足之处。例如,性格内向的学生很少张嘴说话,这对他们的英语口语水平的提高有一定的影响。针对这种情况,要分析其自身的学习特征,循序渐进地改善学习方式,从而增强学生的自我学习能力。所以,老师的引导和同学的帮助成为一个影响自主学习能力培养的重要因素。在学习过程中,教师要引导学生利用课堂学习本身的优势,积极地向老师和同学发问,提升自身素质。

至此,我们可以清楚地了解到,自主学习能力包含了多个方面,这一能力的形成主要依赖于长时间的累积,它要求老师和学生都要提高关注度,走好教学中的每一个过程,采用合适的教学方式,精心地进行培养。

第三节　情感能力的培养

一、认识情感与情感教学

（一）情感的基本概念

1. 情感的定义

情感是人脑的一种机能，是对客观事物抱有不同态度产生的内心变化和外部表现。[①] 由于态度与情感有着密切的联系，所以这里先对"态度"的定义加以说明。柳海荣认为，态度是一个人对待外在事物、活动或自身的思想行为所持的一种向与背、是与非的概括的倾向性。[②] 态度可以分为两种对应关系：肯定态度和否定态度、积极态度和消极态度。尽管态度与情感有一定联系，但这并不意味着情感就是态度。

2. 情感的功能

情感的功能主要有以下几种。

（1）激智功能。积极的情感通常可以有效促进学习者智力技能的发挥。所谓的智力技能就是智力因素，包括情感、知觉、记忆、注意、想象等。

（2）动力功能。人的智力因素形成了学习的操作系统；而人的非智力因素构成了学习的动力系统。

（3）情感功能。情感能够调节学生的自信心和焦虑心情，也可以改变学习的节奏，延缓疲劳。

（4）感染功能。教师在课堂上流露出的情感会对学生的学习情绪有直接的影响。

（5）移情功能。教师的人格品质和举止行为可通过情感影响教学效果，学生也会把对教师的情感迁移到所学的学科中来。

[①] 张铭. 当代大学英语教学理论与研究 [M]. 北京：九州出版社, 2019.
[②] 柳海荣. 新时期高校英语教学的多视角研究 [M]. 北京：光明日报出版社, 2016.

3. 情感与态度

（1）积极与消极情感态度

态度是指一个人对待外在事物、活动或自身思想行为所持有的一种是非倾向。情感主要可以分为肯定态度和否定态度，积极态度和消极态度。态度与情感息息相关，但是不能说情感就是态度。我们都知道，学生如果具有强烈的学习动机、浓厚的学习兴趣和大胆的实践精神，那么他们的学习就比没有这些情感态度的学生要高。具备了这些情感要素，学生在遇到各种学习困难时，就会凭借自己坚强的意志和足够的自信克服和解决它们。

消极的情感会影响学生学习潜能的发挥。当学生的学习过程处于一种消极的情感态度时，他们就会对学习产生抵触心理，变得害羞、胆怯、内向、孤僻等。这种态度显然不利于学生很好地参与教学活动，更没有展示自己的机会，所以其学习实践就会相对受限。

（2）英语学习的情感态度

英语学习中的情感态度主要包括动机、兴趣、自信、意志、合作精神等。这些情感态度与学生的学习效果有着密切的联系。同时，情感态度对于学生在学习过程中逐渐形成祖国意识和国际视野也非常有帮助。英语学习要求学生不仅要具备相关的智力因素，而且要建立必要的情感因素。

一旦英语学习的态度形成，就会很稳定，不好轻易改变。这种现象在英语学习较差的学生身上表现得特别明显。在英语教学的初级阶段就应该高度重视学生的英语学习分化问题。一旦这种语言水平出现了分化，将会很难克服或者必须经过很大努力才能克服。当然，我们也不能否认很多学生在教师的帮助和鼓励下逐渐恢复了英语学习的信心，改变了原来消极的学习态度。

总之，英语学习的态度对学生的语言学习有重要意义。因为英语教学不仅要充分发展人的智力因素以及对认知过程进行优化，还要依靠其他一切心理因素和认知过程紧密配合，学生的学习效率才会得到显著提高。

（二）情感教学概述

情感教学指的是教师在展开教学时，在完成对认知因素充分考虑后，通过教学手段来调动学生的情感需求，给予一定的情感支持，从而达到教学目标，实现预期的教学效果。从人文主义的层面来看，教学过程不仅是教与学之间的学习传递反馈过程，同时也是缩短师生距离的过程。学生的学习在本质上是认知重构、情感互融的过程。

从本质上讲，"情感教学"强调在"知情合一"的教学活动中，从"情"的角度对"情"的教学现象进行剖析，并提出与"情"有关的教学理论与教学认知方式。从实际意义上讲，"情感教学"就是纠正长期以来在教育实践中普遍存在的"重认知，轻情感"的不合理性。

1.情感教学的内涵

情感教学模式是一种将情感作为主线的教学模式，目的是将在教学过程中出现的情感因素通过充分重视和有效调动后，最大程度地发挥出情感因素的正面影响，从而改进教学方式。

对于情感教学的定义，不同的学者有不同的观点和看法，下面介绍几种观点：

（1）情感教学是指运用情感的形式来对教学的主导思想进行优化，即可以称为"以情优教"[1]，它的主要内涵是在认知心理学的基础上，充分发挥教学中的情感因素，来完善教学目标、改进教学程序、优化教学结果。

（2）情感教学是指在教学过程中，师生都处于积极的情感状态，教师通过语言、行为、态度等手段来调动学生的情感，从而达到教学活动的积极最大化。

（3）情感教学是教师在教学活动的基础上，运用一定的教学手段来激发、调动甚至满足学生的情感需求，从而将认知与情感完美地统一起来，达到最佳的教学效果，促进学生全面、和谐地发展。

虽然这几种观点存在着不一致性，但是对情感教学本质的认识还是非常相同的，那就是在尊重学生个体特征的基础上，运用一定的教学手段或者教学方法来满足学生的情感需要，从而促进学生全面发展。

2.情感教学的意义

（1）情感教学可以有效提高学生的英语学习效果

消极的情感因素不仅会严重影响学生学习潜力的发挥，还会降低教师教学的

---

[1] 贾增荣.大学生听力培养与教学方法研究[M].北京：中国商务出版社，2016：171.

效果。教师再好、教材再优质、教法再精彩，学生的英语水平仍然得不到提高。相反，如果学生有着积极情感，他们便能创造有利于学习的心理状态。

（2）情感教学可以有效促进学生的长远发展

从这个意义上来说，情感已经不仅仅是语言教学的问题，甚至不是教育本身的问题，而是上升至人的发展问题。教师在教学中要不断激发并强化学生的学习兴趣，并引导他们逐渐将兴趣转化为稳定的学习动机，帮助他们树立英语学习的信心，正确看待自身的进步和不足，激励他们克服困难、团结合作，共同提高，使学生获得长远发展的信心与能力。

二、培养情感能力的要素和原则

（一）培养情感能力的要素

1. 诱发

诱发是指激发学生对学习内容的兴趣，以此使学生积极地参与当前的认知活动。英语教师是在规定的时间、地点，依照规定的教学程序、进度，传递规定的英语知识。[1]这一系列的"规定"使英语教学活动变成一种固定的操作程序，无法迎合学生当前的实际需要。而且，求知需要往往不是学生最为迫切的需要，这一现象背离了英语教学目标。况且，即使学生当时拥有求知需要，其求知需要的具体内容也会与特定的教学内容有分歧。

英语教学中普遍存在英语教学活动与学生当时的具体需要不符合的现象，因此英语教师应懂得如何使自己的教学成为学生学习的诱因，激发学习动机，使学生走在主动学习的路上。

2. 陶冶

陶冶是指培养学生高尚的情感以及良好的人格。教材蕴含丰富的情感因素，具体可分为以下四种类型：

（1）显性情感因素，即通过语言文字等直观形象材料等使人能直接感受到的情感因素，艺术、语文、英语等教材中较为多见。

---

[1] 吕文丽，庞志芬，赵欣敏. 信息化时代下的大学英语教学改革探索 [M]. 长春：吉林大学出版社，2019.

（2）隐性情感因素，是指在反映客观事实的过程中使人感受到的情感因素，在史地类教材中较为多见。

（3）悟性情感因素，是本身不含显性或隐性情感因素，但却具有引起情感能力的某种因素，主要存在于理科类教材中。

（4）中性情感因素，是目前的认识水平无法体会到的情感因素，仅限于理科教材中，但教师可以通过情感教学策略使学生感受到情感。

3. 激励

激励是指在学习过程中，不断增强学生的自信心，激发学生的动力。随着学习任务的加重、学习难度的加大、学习挫折的积累，学生需要补充学习动力。教学评价就是一种情感激励手段，并且它还是学生获得学习反馈的主要形式。教师对学生多进行肯定、鼓励，同伴们对彼此多给予支持、赞赏，会使学生产生良好的激励效果。情绪对人的学习行为具有强化作用，积极愉悦的情绪有助于学生调动积极性，提高创造力，养成良好的情感品质和能力。教师要创设条件让学生体验成功，并利用好强化这一手段。

4. 调控

调控是使学生的情绪始终处于有利于学习活动的状态。情绪在很大程度上决定着身体的成长、智力的发展和情感的培养。但是，持续的、愉快轻松的情绪状态不一定最有利于学习。例如，焦虑对中等以上学习成绩的学生来说，能提高认知活动的效率，强度过大的焦虑使中等以下成绩的学生创造力削弱。一般情况下，强度适中的情绪状态总能为认知活动提供最好的动力。

（二）培养情感能力的原则

众所周知，情感并不是在课堂中直接学习的内容，但是它会间接影响学习效果。因此，在实际的英语教学活动中，教师应该根据情感教学的原则来指导教学实践活动。下面就对几种常见的情感教学原则予以分析。

1. 移情原则

一个人的情感可以从人的身上转移到相关的对象身上，将其放在具体的英语情感教学中，主要包含两个方面：一是教师的个人情感影响学生情感，这里面的情感包含教师水平、道德品质、人格魅力等；二是文章的人物情感影响学生情感。在这一原则的贯彻过程中，教师应该引导学生体会作者的写作情感和意图，让学生在实际的学习中陶冶情感。

2. 寓教于乐原则

寓教于乐原则是最核心的英语情感教学原则，主要是让教学活动在学生快乐的情绪下进行，教师在教学活动中要能够预测和把握好一切的变量，激发出学生的学习兴趣和积极性，使学生乐于接受、乐于学习。在这一原则的贯彻过程中，教师不能整节课都是处于调节情绪上，应当把调节情绪作为教学活动的一个突破口，使学生的学习状态达到最佳的效果，同时也保证课堂活动的正常进行。

3. 以情施教原则

以情施教原则主要是以情促知，达到情知交融，通俗地说，就是英语教师在授课的时候应该引入积极的情感，使情感和知识融合为一体。在这一原则的贯彻过程中，教师首先要控制好自己的情感，将自己置于积极的情感之上，只有教师自身的情感积极性强才能带动学生的情感积极性。此外，这一原则也可以用于处理实际的教学内容。

4. 情感交融原则

情感交融原则是指师生之间的情感，这种情感的优劣影响到学生的情感反应，和谐的师生关系有助于学生的学习积极性以及教学效果的优化。众所周知，教学活动是在教师和学生二者之间进行的，属于一项传递师生之间情感的特殊交流活动。因此，这一原则在教学活动中必须遵守。

三、培养情感能力的策略

（一）优化英语课堂教学，激发学生兴趣

唯物辩证法告诉我们，外因是变化的条件，内因是变化的根本，外因通过内因起作用。[1] 在实际教学时，除了教师的知识水平、教师素养、教学策略等外在因素，学生自己是否可以自主学习、积极进取的内因才是学生实现自我提升的主

---

[1] 邵水潮. 组织文化变革与校本教研 [M]. 郑州：大象出版社，2018.

要原因。在教学接近尾声时，学生的成绩才是衡量教学是否成功的标准。

热爱是一切事物发展的必要因素，只有学生对自己的学习保持充分的热爱，才能实现教学目标。因此，在教学过程中，教师要尽可能地让课堂活跃起来，从而激发学生对学习的热爱。在学生有了足够驱动自身进行学习的热爱、有了足够的学习兴趣之后，学习态度和学习方法也会得到改善。

在英语教学中，学生的主体性都得到了充分的体现，从而使教师的教学水平得到了很大的提升，进而在教与学中形成了一个良好的循环。

1. 营造积极的课堂心理气氛

班级心理氛围是指班级集体在上课时所表现出来的一种精神状态。班级心理氛围分为积极形式和消极形式两种，其中积极形式表现可以是外向积极的、活泼灵动的；消极形式表现可以是消极沉闷的、冷漠内向的。和谐融洽的课堂心理氛围是教师与学生进行心理互动的必要条件。

2. 使学生保持良好的心理状态

心境是指人在某一特定时期内，其心理活动相对稳定时的状态和水平。学生的心理素质是影响学生学习成效的内在核心因素。在进行情感教学时，若学生心理状态良好，则会展现出如下几个方面：对新知识更加敏感，思维更加灵活，记忆更加持久，精神稳定，学习效率上升。若学生的心理状态较差，对事物的感知力则会下降，思维迟钝，情绪压抑波动，注意力不集中，缺乏明确动机，学习效率低。

英语情感教学要求师生均应保持良好的心理状态，其中学生的学习心理状态是关键。因此，在英语教学中教师要善于观察、了解学生的心理状态，有意识地激发学生良好心理状态的产生，消除不良的心理状态。

3. 重视英语课堂教学中的多向交往

通常来说，教师与学生之间的交流主要有三种方式，即单向交流、双向交往以及多向交往。在教学的过程中，老师负责将知识进行讲解，学生负责接受知识，两者之间并不存在其他联系，这就是典型的单向交往。在单向交往之外，也有教师传授和学生接受之间往返的联系，也即双向交往。而师生与生生之间的互动则属于多向交往。每一种交往方式都会带来不同的信息沟通效果。

单向交往在信息传递上效率较高，但是对应的教学效果是最差的，既不能保证信息传递完成之后的正确性，也未能建立融洽的师生关系。

多向交往带来的教学效果是三者当中最好的，其具有以下特点：
（1）多向交往的维度广，能满足本身具有差异化的学生群体的学习需求；
（2）多向交往需要学生自身具有自主性，可以促进发挥学生的学习能动性；
（3）多向交往具有多样性，与以往传统的固定答案标准不同；
（4）多向交往具有较强的情趣性，能够增强学生学习热情；
（5）多向交往具有差异性，符合因材施教原则。

（二）以情促知，培养良好学习习惯

英语教学应以培养学生的语言运用能力为目标，实现这种目标的基础包括但不限于语言能力、情感素质、学习方法、跨文化交际意识等方面的综合发展。所以英语老师应该在教学过程中，不断地对学生进行情感素质教育，以提高他们对英语学习的兴趣。

1. 理解与宽容

每个人都需要被理解，特别是正处于身心发展阶段的学生。教师应注重与学生之间的沟通，例如可以通过在批改作业时加入一些表示关怀、理解的话语。批评本身是一种具有攻击性的言语行为，如果老师对学生的感受不加以重视，那么会对老师和学生之间的关系带来不良影响，也会对学生今后的发展产生很大的影响。

上课时经常会出现学生开小差的情况，和别人的低声交谈也会对课堂效果产生直接影响。面临这种情况时，如果老师仅仅通过大声喝斥或者是直接对违纪的学生进行点名批评，虽然可以暂时将学生们压制住，保持班级环境的安静，但学生们会因为自己的错误被批而变得情绪低落，这种消极的状态同样会影响到接下来的课堂效果。教师可以引导同学们说："Let's discuss the key contents of this lesson first, and then do research on other contents."这种表达方式在避免对同学的表现直接提出批评的同时也及时制止了学生的违纪行为，提出了对学生的要求，有利于学生更好地跟随老师进行学习。

师生作为两个不同的主体，由于其社会地位和知识水平的差异，在课堂上扮

演的角色也不尽相同。在课堂上，师生之间存在着较高频次的互动，这些互动一方面需要学生的配合，一方面需要老师的引导。而老师在传统印象中，一直是教学权威的象征，如果老师在互动过程当中处于过于强势的地位，那么处于相对弱势的学生则会感到恐惧，进而对参与互动感到害怕。教师与学生之间只有存在良好的交往方式，才能提高教学效率，取得理想的教学效果。

作为一名教师，应擅长营造融洽的课堂气氛，与学生建立和谐的师生关系。

2. 尊重与信任

教师应当成为擅长运用语言的角色，在教学过程中始终需要老师通过合理的语言表述来表达对学生的关心和理解，要让学生知道教师是他们成长路上的伙伴，会从他们的角度去考虑问题，并能在处理问题时公平对待。他们相信教师可以帮助自己解决在校内遇到的问题。当需要帮助时，他们敢于向教师求助，当学生受到尊重时，他们便会很在意自己在课堂上的表现。

另外，在进行语言表述时也应该注意表达自己尊重学生的教学态度，例如学生在对教师礼貌问好之后，教师也应当给出亲切的回应。应当注意的是，在面对学生提出的问题时，不应当直接给出掺杂过多主观因素的回答，例如"This is the right thing to do……""It would be better this way……"，这样的回答会导致学生之后的表现限定在老师给出的回答中，很难做出自己的突破。应采用以下方式指导学生："I think we can try this way……""What do you think of this?"这样的表达在给出自己建议的同时，没有一种答案本身固定化的暗示，有助于发散学生的思维。在这个过程当中，学生学会了更适合自己的方式，教师也缩短了与学生之间的距离。

3. 赞赏与激励

英语教学中教师应当多发现学生的长处，发掘学生的"潜能"，以赞赏的目光看待每一个学生，通过表扬和鼓励让学生体验学习的成就感。课堂上，学生都希望通过自己的表现赢得老师的表扬和同学的认可，如果在课堂上因为自己的失误而不被老师认可或者被同学起哄，那么对其学习的积极性无疑是巨大的打击。老师应充分利用自己在学生心中占据的优势地位，尽可能地满足学生渴望被认可的心理需求。例如，可以通过"perfectly done.""You did a very good job."这些话语来表示对学生行为的积极肯定。

激励性的赞扬可以激发学生的学习热情。当一个学生在学习上因为没有认真或者粗心大意而犯了错误，如果这个时候老师想要指出他的错误，但是又不想让他觉得难堪，可以说："What do you think of this……?"这样的方式不仅可以指出学生的不足之处，而且表示出自己对他们寄予厚望，学生会很乐意接受教师给出的意见。

老师在给出自己的评价时要特别注意表达方式，要维护学生的自尊。老师在任何时候都应该对学生抱有积极向上的期待，同样也应该使用积极向上的引导来帮助学生提升自己的学习积极性。对于表现良好的同学，我们要适时地给予奖励，并表明自己期望他们能有更好的表现；对表现暂时较差的同学，要多加鼓励，保持他们的学习兴趣，争取在之后的学习过程中实现自我提升。老师向学生传达的态度对于学生成长来说具有非常重要的意义。在教学过程中，教师应根据学生的情况采取分层次教学，做到因材施教，应以学生的实际水平为基准来设计问题任务，即让较为优秀的学生来攻克具有一定难度的问题，让有待提升的学生来回答可能对其有启发的问题，这样可以在一定程度上满足不同层次的学生发展需求，让每个学生都有一定的成就感，不断增加其对学习的兴趣。

赞扬他人是一门艺术，而表扬分为有效表扬和无效表扬，例如教师在表扬学生时如果总是通过"很棒""真聪明"这样笼统句子进行表扬，则不会带来太大影响，教学效果较差，这种表扬方式就属于无效表扬。如果在教学过程当中针对学生某一方面具有的突出才能进行表扬，则会给学生带来比较大的触动。

（三）注重情感交流，构建和谐英语课堂

1.尊重学生情感、实现教学民主是打造和谐课堂的前提

课堂是学生成长的主要空间，在这个空间内的学习氛围将会直接决定学生的学习成果。而在一个和谐、民主的课堂当中，一定有一位将尊重学生、关爱学生作为自己教学第一要义的老师。也就是说我们应当时刻注意自己的教学态度，用亲切的语言，打破以往传统教学方式中教师与学生之间的壁垒，建立起良好的师生关系，让学生觉得老师是帮助自己成长的朋友和伙伴。另外也应该注意英语课

堂的民主性，合理化解教与学中出现的矛盾，在保持学生良好心态的同时发展其自主学习能力，提升对英语学习的能力。

2. 教师情绪上的感染力是打造和谐课堂的催化剂

教师的语言应在做到委婉含蓄的基础上，实现对学生的有利教学。教师的"传授"并不意味着他们必须解释学生所有的问题。教师在课堂上讲解新知识时，也需要注意给学生们留下思考空间，锻炼学生们的发散思维。也就是说，授人以鱼不如授人以渔，教师应当让学生在吸纳新知识的基础上，慢慢摸索出一套自己的学习方法。

语言本身是人们在社会交际中来交流彼此观点的工具，在教学过程中的语言则成为教师和学生之间情感互动的载体。教师应当合理利用这一载体，让语言这一载体承载着自己对学生的关怀并传达至学生之间。一个真正的教育者应通过使用不同的表达方式，让优秀的思想、崇高的信仰深入到学生的心中。

3. 教学语言含蓄、注重启发是打造和谐课堂的有效手段

在教学中，教师的语言要能够在思想上发挥引导力、在情感上具有感染力，从而达到激发学生情感的作用，以便于让学生更好地理解自己的观点。另外也应当注意语言的生动性，当语言具备了一定的生动性，就可以辅助学生调动自身原有的知识积累，促进学生对新知识的学习和理解，让学生在了解新知识后更加通透，做到新旧知识融会贯通。

捷克著名教育家夸美纽斯（Comenius）指出，一个能够动听地、明晰地教学的教师，他的声音应该像油一样浸入学生的心里，把知识一道带进去。[1]

（四）开展积极评价，强化成功体验

如果学生在学习过程中体验到成功的快乐，学生学习就会更加积极。因此教师应该以鼓励为主，激发学生学习的积极性，让他们树立起对英语学习的信心。要善于发现学生学习上的长处，及时给予肯定的赞扬。

教师应正确处理学生在学习过程中产生的问题，不可随意训斥同学，防止造成师生关系的恶化。教师在对学生有待提升的表现给出一定肯定之后，再提出相

---

[1] 谭轶斌，王林. 教师语言修养的涵义 [M]. 长春：东北师范大学出版社，2017：64.

应的问题，从而提升学生的自主性。对于学生取得的一些成功我们要及时地给出肯定，这里的成功无论是针对某一学习阶段还是某一个课堂问题，我们都要给出反馈。在指导中，老师要根据学生自身的情况来给学生制订相应的学习目标。

1. 学生参与评价

通过将学生对自身评价常态化，可以使其自身得到不断提升。英语教师应充分利用课堂教学中的语言资源，发挥课堂教学自身优势，提高教学质量。学生主动对自身进行评价，其实就一种自我反省。在这个反思过程中，经过不断地自我纠错，完善知识结构的同时，也能养成良好的学习习惯，并在一定程度上肯定了自己具备的学习优势，明确了自己的劣势，为以后的英语学习提供了宝贵的经验。

2. 同学鉴赏性评价

同学鉴赏性评价的目的是要改变只有老师一人作为学生作业评阅者的糟糕局面。通过扩大评阅群体，促进学生的学习内在动力，激发他们的学习热情。同学鉴赏性评价包括两种评价方式，即定人评价和自由式评价两种方式。定人评价要求每位学生都要对所指定的评价目标进行固定评估，保证每一位学生的作业都能得到客观评估。自由式评价是指每一位学生在完成定人评价之外，也可以选择其他同学的作业来进行评估，其目标是使学生在与同学进行评价的同时能获得更多的知识。为使学生在完成任务时能够做到尽职尽责，也可要求学生在自己能力范围内对其他同学的作业做出合理的修改，并请评阅人签名。在上述评阅过程中，需要注意将具有不同学习特征的同学进行交叉搭配。在学生完成评价后，教授根据评价与实际情况的偏差给出自己的评价，在提升学生评价他人的水平的同时，也可以合理评估自己在班级中的学习水平。

3. 教师肯定性评价

在教学过程中，教师要多使用正面的、肯定性的评语，减少可能带有攻击性的评价。不管同学们在教学时给出的反馈是否正确，首先要给予同学们一定的肯定，然后再给出详尽的评语。在给出评语时，也要遵守称赞原则，使用 excellent、wonderful、well done 等词语来对学生的回答给出一定的肯定。

实际上，老师对学生持有的尊重并不会导致自己在学生中的地位降低，反而会因为这份尊重促进与学生之间的关系，让学生感觉到自己的老师对自己的关心和爱护。这对于保持师生关系、促进教学活动的顺利开展均具有重要意义。

积极性评价在教学过程始终存在，但同时消极性评价同样会不可避免地出现在教学过程中。事实上，学生在学习中犯错误是非常正常的，在错误中学习，也是一个人在进步中会必然出现的过程。在这个过程中，教师要对学生的错误及时纠正，怎样才能最大限度地减少纠正错误时可能会对学生造成的伤害，要看教师是否能够合理地运用礼貌原则和礼貌策略来将学生的不良行为予以纠正。

应当注意的是，老师们不但不应对学生抱有某些固定的成见，更不可以说一些可能使学生自尊心受挫的话。例如，"How stupid you are!"这样攻击性的话不可出现在英语课堂上。"Why are you always making such mistakes?"它不但会对学生造成伤害，而且与英语情绪化教学中的礼节原则相矛盾，十分不合乎情理。

如果学生在教学过程中给出了错误的反馈，或者提出自己与老师有不同的观点，教师应当注意在不打击学生学习积极性的基础上，给出合理的建议。例如用迂回的方式巧妙地应对这个状况。如果学生给出了错误的应答，教师也尽量不要完全对其进行否定评价。

4. 教师激励性评价

评价的奥秘就在于如何爱护和激发学生的积极性，在认可学生存在价值的基础上，通过对学生的尊重、关爱和鼓励，唤醒他们心中的"巨人"，帮助发挥出学生自身最大的潜能。研究报告显示，个体在不被压制的情况下，都能发挥很强的自我表现潜能。在英语教学中，应注意运用各种科学、有效的评估方法，做出正向评估，以提高学生的学习热情、养成良好的学习习惯和创造性思维。

激励指的是一种依靠具备积极正向影响的表述或者通过营造积极向上的氛围来促使他人保持积极状态的一种方式，是一种让学生保持良好学习状态的方法，也是开发学生潜力的助推剂。虽然激励源自外界，但是它会体现在人的内在潜力中，所以我们可以认为激励是一种会在较长时间内持续存在的、较为稳定的心理状态。如果在激励后能够使学生转变为积极的心理状态，保持强烈的自信心，这种源自外界的激励就可以转化为内部的力量，从而促使学生快速进步。老师要具备敏锐的洞察力，在能够及时发现学生每一点进步的基础上，对学生实现的自我提升做出相应的反馈，增强学生学习热情，达到英语教学目标。

第七章　当代大学英语教师的专业发展

在网络多媒体环境下，大学英语教师自身的发展问题是信息时代的必然要求和内在呼唤。本章主要论述当代大学英语教师的专业发展，详细分析了大学英语教师的专业角色与素质和大学英语教师专业发展的创新路径。

第一节　大学英语教师的专业角色与素质

一、大学英语教师的专业角色分析

由于网络多媒体辅助于大学英语教学，可以看到传统的教学模式发生了巨大改变，这也必然会影响教师作用的发挥。在这样的条件下，教师不应当消极面对，应当发挥自身能动性来实现多媒体技术在教学中的应用，在熟练掌握对多媒体技术的应用之后使用剩余的时间来进行自我提升，以应对自己角色在教学模式中的改变。那么，广大教师要适应这一全新的教学模式，首先就要求教师对自己的角色有一个准确的定位。

（一）教师的角色

由于中西文化存在明显的差异，因此对教师角色的认同也明显不同，但是对教师的基本认知几乎达成了共识。对于普通教师而言，其主要扮演着如下角色。

1. 教育者

作为一名教育者，教师首先担当着教育人和培养人的责任与义务。为了实现这一目的，教育者必须具备高度强烈的敬业精神以及社会责任感，以身作则，身体力行，通过自己的行为去教育和感染学生，帮助学生树立良好的人格。

2. 工程师

作为一名工程师,教师担负着引导人、改善人、塑造人的任务。教育的目的就在于改善人的行为、净化人的灵魂。这是因为,教师是人类行为和灵魂的工程师。作为工程师,教师在教书育人、对教育对象起到主导作用的过程中必须具有精湛的技术、渊博的知识,制造和设计出被社会认同具备优良品格的优质产品。

3. 激励者

作为一名激励者,教师承担着鼓励和激发学生求知欲望的任务。兴趣是最好的老师,是推动学生学习的原始驱动力,而求知欲望是学生成功的前提。教师教学的一项重要任务是通过开展教学活动来开启学生通往智慧的大门,激发学生对知识的渴望及兴趣,从而不断培养他们认识世界、改造世界的能力。

4. 艺术家

作为一名艺术家,教师在教学过程中还承担着传播美的责任,不断培养人的审美能力,提高他们鉴赏美的能力,使学生学会追求美,善于用眼睛观察和发现美,最终实现美的创造。

5. 指导者

作为一名指导者,教师在整个教学活动中起着重要的指导作用。通过运用科学的教学方法来引导学生学会学习,学会如何理解和掌握知识体系,如何培养自己的技能,如何从一个可知领域向着未知领域发展。

综上所述,英语教师作为普通教师,首先应该充当教育者、工程师、激励者、艺术家、指导者的角色。无论时代如何变化,学科有何不同,教师的本质特征是不变的,所以坚持这些共性特征是所有教育者必须遵循的。

(二)英语教师的角色

作为一名英语学科的教师,除了要承担上述角色外,还扮演着特殊的角色。作为一门语言学科,英语具有独特的学习方法和体系,英语教师在进行教学时需要从英语学科的具体特点出发,即教学应当将提升学生英语水平作为核心工作,将激发学生学习热情作为主要内容,这就要求教师必须承担如下多重角色。

1. 英语语言知识学习的引导者和帮助者

教师是英语语言知识的诠释者，因此他们首先要具有渊博的英语语言知识储备。也就是说，英语教师必须对专业知识有一个系统的掌握，并能够系统地分析出各种英语语言现象。从教师教育的研究中不难发现，英语教师需要掌握的专业知识包含理论知识、形式知识、语境知识、实践知识等。[①] 这些知识不仅包含语言形式结构的知识，还包含语音知识、词汇知识、语法知识、语篇知识、社会文化知识等具体的语言使用的知识。英语教师只有掌握了这些知识，才能对语言材料、语言现象有一个清晰的剖析和阐述，也才能解答学生学习中所遇到的问题，从而使学生能够恰当地理解并实现语言输出。

另外，语言技能的掌握和使用也离不开语言知识的积累。通过不同的语言形式的运用，语言功能得以实现。无论教师采用何种教学策略，其必须要教授的教学内容就是英语语言系统知识及对这些知识的分析和输出。可见，教师是英语语言知识学习的引导者和帮助者。

2. 英语语言技能掌握的培训者和合作者

英语教师不仅是英语语言的诠释者和分析者，更是英语语言技能的培训者和合作者。在学生进行语言学习时，对语言知识的掌握是必要的前提条件和基础，而学习语言的目的是提高和发展自己的语言运用能力。

一般来说，语言技能包含听、说、读、写、译五项。从语言的发展规律上来看，听、说位居第一，而读、写、译其次。但是，从外语教育的角度来说，读、写、译居于第一，听、说第二。这就说明，英语教育的目标是让学生具备一定的读、写、译能力，而听、说能力是提升学生读、写、译能力的前提和基础。因此，在大学英语教学中，教师必须具备掌握语言技能的能力，这是一个全方位掌握的概念，是听、说、读、写、译的有机结合。如果不能掌握这些技能，教师就很难驾驭语言课程，也很难娴熟地对语言教学活动进行组织，更无法实现提升学生语言技能的重要目标。

另外，需要指出的是教师还担任着英语语言训练合作者的角色。也就是说，

---

① 叶秉良，戴文战，杨蔚琪. 基于"三点一线"模式建设实验教学示范中心的创新思路[J]. 实验室研究与探索，2007 (9)：69-71.

并不是教师将任务布置给学生就可以了，还需要引导学生，参与到学生的活动中，让学生在教师的帮助下学习得更得心应手，既学到了知识，也完成了任务，从而也提升了教师的教学效果。

3. 英语课堂活动的组织者

对于任何教学活动来说，课堂活动是必不可少的，这同样体现在大学英语教学中。在英语课堂中穿插的活动环节是进行英语教学必不可少的过程，活动设计在一定程度上决定了英语教学的效果，所以在前期进行课程设计时，应当对课堂活动的设计尤为注意，保证设计的科学性和合理性。英语本身作为语言教学，有着不同于其他学科的明显特征，因此在课堂上教师需要对英语技能进行培养和训练。而英语课堂活动恰好是训练技能的一种有效方式。

但是，就普通大学英语课堂来说，教师可用的教具只能是粉笔、黑板、幻灯片、投影仪、录音机等设备，这些设备携带并不方便。借助于这些教具，教师可以将原本存于课本中的科学原理进行较为直观的展示，也可以加深学生对原理的理解，但学生参与课堂的机会不多，仍然是一个被动者。此外，英语的教学离不开语言情境的营造，而目前高校英语课堂所能为学生提供的语言情境形式却仍然较为单一，如演讲比赛、情景对话、戏剧表演等，使学生缺少真正意义上的语言锻炼，如远程对话交流、电影配音等。虽然教师发挥了活动组织者的作用，并且活动也大多都比较直观，但是这是远远不够的，很难加深学生对英语语言知识和技能的印象，也很难巩固自己的语言知识体系。

4. 英语教学方法的探求者

在英语教学中，教师不仅仅是固有教学方法的使用者，也承担着新型教学方法的探求者和开发者的角色。语言教学具有很强的实践性，因此其与教学方法关系密切。英语语言知识的分析、语言技能的掌握、课堂活动的组织等都离不开科学的教学方法。

英语语言教学的方法有很多种，如语法—翻译法、听说法、交际法、情境法、任务法、自主学习法等。这些方法都存在某些优点，也存在某些缺点。因此，任何一种教学方法都不是万能的，英语教师需要将各种教学方法综合起来组织和实施教学，以便获得更好的教学效果。就当前的大学英语教学来说，已经从传统的以教师为中心转向了以学生为中心，强调学生的主体地位，这也有助于实现教师和学生的双向互动。

5. 中西方语言文化差异的解释者

英语教师还充当着中西方语言文化差异的解释者的角色。文化背景与文化传统不同，其价值观念和思维方式也存在明显差异。因此，文化差异逐渐成了中西方跨文化交际的障碍。

从社会文化角度来说，语言是一种应用系统，具备独特的规范和规则，是文化要素中不可或缺的一部分。在英语教学与学习中，除了要教授英语语言知识和技能外，还需要教授文化背景知识，三者是相互促进、相互弥补的关系。

著名学者胡文仲曾指出，只学习语言材料，不了解文化背景，犹如只抓住了外壳而不领悟其精神。文化背景知识是理解过程中意义产生的主要因素之一。因此，学习语言就是学习文化。语言文化知识的教学，除了要讲解本土文化知识，还需要讲解英语民族的文化知识。中西方语言文化的差异性主要体现在社会制度、风俗习惯、思维方式以及道德价值上，其在语言的词汇、篇章、结构、言语行为中都能够体现出来。作为中西方语言文化差异的解释者，英语教师要熟知和了解中西方的语言文化及差异性，因此他们需要大量阅读中英文资料、观看中英文电影，积累足够的能够表现中西文化差异的一手素材非常必要。

另外需要指出的是，在充当中西方语言文化差异的解释者的过程中，教师需要保持一种中立的态度，文化没有好与坏，在选取素材上也尽量选取那些不会伤害任何文化的素材，这样有助于更好地引导学生对中西方语言文化有一个清晰的认知。

6. 英语语言环境的创设者

根据二语习得理论，语言环境对于语言学习有着至关重要的作用，尤其是在缺乏真实语言环境的教学中更是如此。通过创设真实的语言环境，教师可以将新旧知识联系起来，了解中西方的文化传统习俗，接受原汁原味的中西方文化的感染和熏陶。这比学生单独学习词汇、单独学习句子等成效显著得多。

英语语言环境的创设不仅在课堂教学中展开，在课外也应积极创设。在课堂上，教师可以利用网络多媒体技术呈现与文化背景有关的资料和信息，让学生了解与西方社会文化资源接近的各类文化资源和语言环境。在课外，教师可充分利用网络教学平台、英语学习语料库开列书目布置任务，引导学生大量阅读英语报刊、书籍，使学生能始终置身于英语学习的环境中，不断提高其英语水平。

7. 基于作业本或试卷的学习评价者和现场掌控者

《大学英语教学指南》指出，教学评价是大学英语教学的一个重要环节。科学、全面、客观、准确地评价大学英语教学，对在实际教学中达到教学目标具有十分重要的意义。教学评价在教师获得教学反馈的基础之上，可以实现对自己教学问题的针对性改进，对于提升教学质量，改善管理模式来说，都是一项优选活动。在还未利用网络技术、网络资源之前，教学质量的评价往往只通过作业本、试卷完成。教师通过批阅学生的作业就可以了解学生对知识点的掌握情况，这对普通的大学英语教学是必不可少的。但是需要注意的是，任何事情都具有两面性，抛开批改作业的质量来说，当批改完成后教师也没有多余的精力去总结学生的完成情况，或者去分析其中存在的问题。

8. 英语语言教学的研究者

英语教师除了担任语言教学任务外，还承担着研究者的责任。他们在掌握语言教学理论与性质规律的基础上，逐渐构建自己的教学理念，并运用这一理念去指导实践活动，以达到良好的教学效果。因此，英语教师在英语语言教学实践中，必须进行英语语言教学的理论研究，将教学研究与课堂教学实践相结合，从而实现理论到实践的转变，再到理论的升华。

二、大学英语教师的素质分析

（一）高尚的职业道德

教师职业道德是作为一名教师基本的行为操守和道德品行，是教师在教学过程中调控与国家、社会、学生之间关系应该遵循的道德意识、道德规范、道德情操的综合。无论教学模式、教学形式如何变化，对教师的职业道德要求是永远不会改变的。

在网络多媒体辅助下的大学英语教学中，教师与学生之间并不是面对面地交流，而是人与机器的交流。在这种交流下，人们必然会遇到多种疑问和困难，因此教师需要具备良好的品德修养，更强烈的耐心和责任心，对学生的成长加倍关注，帮助学生答疑解惑。

教师应具备高尚的职业道德，要求他们对待学生要循循善诱、宽厚待人，善于关注学生及他们的身心健康。教师要准确把握大学生的心理特点，帮助学生在新时代网络多媒体环境下构建正确的价值观与人生观，构筑积极、健康的心态。

在新时代环境下，大学生必然会受到虚拟环境的影响，其接收的海量信息也必然是复杂的，他们的心理也会随之受到冲击和考验。同时，大学生具有个性化、多样化的特点，因此他们更加注重个体对事物的体验，对个性等有着极大的认同感，这种敏感的认同必然会引发学生很多问题。因此，大学英语教师应该帮助学生培养良好的品德，通过与学生沟通，了解学生的心理动向；也可以给学生推荐一些必读物，更好地参与校园活动，树立正确的人生目标，与同学和谐地相处。

基于新时代网络多媒体的环境，教师可以给学生提供有价值的电子书与视频文件，帮助学生树立积极向上的心态。他们可以建立QQ群、讨论组、微信群等，相互交流，及时帮助其他学生解决遇到的学习问题，杜绝各类网络恶性事件的发生。

（二）创造性的思维

在思维领域，创造性思维是最高的形式，是有价值的思维形式。所谓创造性思维，是指运用新方式、新技术来解决问题、处理问题。创造性思维具有四个基本特征。

（1）独特性，能够打破常规，从独特的角度来发现与解决问题。

（2）多向性，包含发散性思维与聚合性思维。

（3）综合性，通过综合和分析归纳，抓住事物的主要矛盾和矛盾的主要方面。

（4）发展性，对事物的发展应该具有预见性，进而推测事物发展的趋势。

在新时代环境下，大学英语教师应该充分利用网络提供的资源进行教育创新和教育科研。独特性思维要求教师应该对中英文信息资源有足够地掌握，从而设计出独特有效、具有个性的教学模式和方法。多向性思维要求教师具备对网络资源进行归纳的能力，从而优化自己的教学效果。综合性思维要求教师具备将英语学科与网络多媒体技术整合的能力，将网络多媒体技术最大化地运用到英语教学中。发展性思维要求教师的眼光应该具有前瞻性，通过技术发展预测教学的发展前景。

（三）精湛的专业水准和知识储备

当代网络多媒体环境下的大学英语教师需要具备精湛的专业水准和知识储备，即扎实的语言基本功。所谓语言基本功，是指教师能够驾驭和把握英语语言知识和语言技能，能够得心应手地运用英语这门语言进行授课，这是对大学英语教师最基本的素质要求。

在当代环境下，教师最重要的业务素质是有较强的口语表达能力及较强的写作能力。这是因为，在当代网络多媒体环境下，大学英语教师与学生往往通过文字与声音来交流，如果教师能够表达清晰，那么必然会与学生很好地完成沟通。可以说，语音、语调纯正清晰、文字表达准确流畅是教师的必备素质。同时，教师还需要引导学生培养自己的批判性思维，掌握不同文化的差异性，对他国文化进行有选择地吸收，激发学生使用英语语言的兴趣，并使学生能够从中感悟人生。

除了具备基本的知识储备之外，大学英语教师还应该拥有运用现有知识和技能来学习其他信息、其他知识的能力。这是因为，在新时代网络多媒体环境下，问题讨论都具有开放性，既不能预测，也不能设定结果。也就是说，教师和学生站在同一起点上，如果教师没有足够多的知识储备和较强的能力素质，那么就很难引领学生进入下一阶段的学习，也无法在学生面前展现出教师的形象。

（四）新颖的教育理念

通过对当代网络多媒体环境下的大学英语教学研究，外语习得是学生在一定的社会文化背景下，通过他人的帮助和利用其他学习资料，以意义建构的形式来获取外语语言能力。这一新颖教育理念要求以学生为中心，教师的责任是指导学生，参与到学生的互动中。事实上，教师和学生都是主体，教师主要起到教的作用，而学生起到学的作用，因此互动主体课堂理念不仅没有忽视教师的重要作用，反而更注重教师的监督和管理作用。也就是说，教师发挥的作用更重要。在课堂开始之前，教师需要搜集相关课堂教学资料，设计与课堂主题相关的题目，提前给学生布置任务，让学生积极地参与其中。在课堂上，教师与学生之间进行交流与活动，可以是个人展示，也可以是分组活动；可以先讨论再展示，也可以先陈述观点再讨论点评。

（五）非凡的科研能力

理论来源于实践，而教学理论也来源于具体的科研实践。科研实践是检验科研理论的基础。教学将理论与实践相结合，教学实践需要科研理论的指导，而新的科研理论方法产生于教学实践，二者相互促进、相互补充，共同发展。

在新时代网络多媒体环境下，大学英语教师需要具备非凡的科研能力。首先要求教师掌握基本的研究方法，如教学实验法、问卷调查法、访谈法、文献法、个案研究法等。在具体的实施中，教师可以从自己的需求出发，选择与自己相符合的研究方法。其次，基于网络多媒体的大学英语教师还需要具备信息加工、网络搜索、信息反馈等科研能力。

（六）较高的信息素养

"信息素养"这一概念是1974年由美国信息产业协会主席保罗·泽考斯基提出的。大学教师如果具有较高的信息素养，就能认识到完整与精确的信息素养是扮好合理角色的基础；就能够确定对信息的需求，并通过对信息的分析提出问题；就能够确定哪些信息源是潜在的，从而根据这些信息源制订成功的检索方式；就能够具有获取、组织、使用、评价的能力。因此，大学英语教师需要养成信息化教学的习惯，使自己的知识向着多样化的方向发展。

在当代网络多媒体环境下，大学英语教师提高教学质量的关键在于对现代技术的掌握和具备较高的信息素养。具体来说，大学英语教师需要做到如下四点。

（1）具备良好的信息意识，能够从复杂的信息结构中捕捉到有效的信息，把握英语这门学科的动向。同时，教师还能抓住学生的信息，对他们的心态与动态有一个基本的把握，从而为保证学生的健康发展奠定基础。

（2）具备较强的信息获取、信息存储、信息加工、信息筛选、信息更新、信息创造的能力，这是教师具备较强的信息素养的核心。由于各类信息的复杂性与变化性，大学英语教师需要对相关的有价值的信息进行辨别，并且能对这些信息进行加工和利用。

（3）具备较强的信息运用和创造的能力，这是大学英语教师在信息素养上区别于其他职业明显的特征。

（4）具备了解最新动态、及时捕捉前沿信息的能力。

（七）丰富的教学方法

在当代网络多媒体环境下，网络教学的形式已经逐渐普及，教师在这种教学形式中的作用和地位也应当随之改变。在这种教学形式中，教师一方面是网络资源的审核员和创建者，一方面是学生学习的督促员。无论在哪种教学模式中，教师与学生的地位虽然是对立的，但两者之间仍是合作关系，即由于教师是学习的促进者和引导者，当作为学习承担者的学生所要承担的学习任务发生改变时，教师的教学方法也会随之改变。

在当代网络多媒体环境下，教师的教学方法不仅仅是单一的口述教学法，而应该借助网络多模态对教学内容进行展示。在使用网络多媒体辅助下的英语教学时，教师可以将课堂、个别、自学等形式结合起来，随时了解学生的学习情况，学生也能够选择适合自己的学习方法和内容。此外，教师可以优化传统的教学法，如交际教学法、任务教学法、合作教学法、案例教学法、启发教学法等，合理利用这些教学方法，弥补单一教学法的不足，从而大大提升学生的兴趣和积极性，也提高整个英语教学的效果。

第二节　大学英语教师专业发展的创新路径

当代网络多媒体环境下的大学英语教学对教师的专业能力提出了更高层次的要求，如何实现教师的专业化发展逐渐受到了教育界的重视。下面就从几个方面来探究大学英语教师的专业发展途径。

一、发展提高模式

发展提高模式主要研究的是三大模式：专业引领模式、教学实践模式、自导式学习模式。在三大模式的指导下，发展提高模式可以大大提升大学英语教师的素质。

（一）专业引领模式

当前，我国的高校教学改革在如火如荼地进行，"先进的理念只有通过研究者与骨干教师等高层次人员的协助与带领，才能促进教师的专业和素质发展"。[1] 通常情况下，能够起专业引领作用的一般是教育研究领域的专家、行家、专业研究人员、资深教师。大学英语教师通过向这些人士学习，能够接触英语教学领域先进的经验、技术、思想，从而推动自身的专业化素质发展。

具体来说，专业引领模式包括以下内容。

（1）专业引领模式要求将专家、英语教师双方的积极性和能动性发挥出来。引领人员不同，其侧重点也不同。科研专家注重的是教育教学的理论，因此其引领的是科研理论与实践的紧密结合。英语骨干教师注重的是教育教学的实践，因此其引领的是教育教学活动的具体实践操作。但是，无论是科研专家，还是骨干教师，他们都需要具备较高的专业引领能力，既能够在理论上给予专门的指导，又能够在具体的教学活动中给予建议，同时还能够给予适当的指导，以行之有效的方法来帮助教师开展具体的教学活动。

对于被引领教师来说，他们应该积极主动地配合科研专家、骨干教师的工作，对他们给予的意见和建议应该认真听取，从而对自己的教学活动进行总结和分析，反思自己之前的教学活动，不断提升自身的综合素质。

（2）专业引领模式要求目标明确、内容正确、方法恰当。高校的大学英语教师专业发展的总目标是能够掌握新知识、新信息，并且能够运用这些新知识、新信息来提高专业素质。事实上，大学英语教师存在着个体差异，因此其在水平上和专业发展方向上也必然不同。因此，在进行专业引领时，应该从不同教师的

---

[1] 孟丽华，武书敬. 网络环境下大学英语教师专业素质发展研究 [M]. 北京：外语教学与研究出版社，2015.

实际情况出发，制订科学合理的目标，选择针对性强的内容与方法来进行引领，从而实现引领的有效性和合理性。

（3）专业引领要到位，而不越位。专业引领人员的引领对于大学英语教师来说只是提供了必要的引导和帮助，并不是完全代替教师，因此不能越俎代庖。这是因为，在专业发展的路途中，英语教师是真正的主体，其实践活动与独立思考等不能被专业引领人员代替。因此，在专业引领中，应该让教师自己独立地进行理论研究教育，不断提升不同教师的理论与实践水平。

（二）教学实践模式

如前所述，在当代大学英语教师的专业发展中，教学实践是不可缺的。教师实践模式是将教师的专业发展与平时的授课联系起来。在该模式中，英语教师的发展主要在日常课堂中体现出来，而教师发展的动力也在于日常教学实践中。只有通过日常的教学实践，教师和学生才能共同发展。

在教学实践模式的实施中，应该注意把握以下几方面。

（1）在英语课堂中，教师对教学内容的设计、选择以及教学方法的采用往往会对课堂起到直接的影响作用，这不是外在因素能够减弱的，它们决定着学生学业表现的提高。

（2）在英语课堂中，学生是学习者的角色，而教师也是学习者的角色，教师与学生共同参与互动体现了教学效果的核心，因此应该对二者的共同提高予以关注。

（3）通过课堂教育与发展这一理念，教师应该将课堂场景与社会紧密联系起来，实现英语教学、社会、个人的相结合。

（三）自导式学习模式

根据建构主义学习理论，学生在进行学习时需要发挥自己的主观能动作用，通过积极主动地学习来获取英语知识。大学英语教学中教师在不断发展和成熟，应该认识到自主学习在学生中的重要意义。因此，新时代的大学英语教师还需要引导学生进行自导式学习，培养学生养成自主学习的习惯，促进学生自身的发展。

另外，教师要坚持用发展的眼光来要求自己，不断更新自己的知识储备，将新旧知识结合起来，以更好地推进大学英语教学工作。

二、合作制模式

在新时代大学英语教师发展中，合作制模式是一种非常有效的发展途径。该模式包含以下四种模式：校企合作模式、师生合作模式、同伴观摩模式、校本督导模式。

（一）校企合作模式

对于校企合作模式的分析，首先需要弄清楚"校"与"企"，"校"指的就是学校，而"企"指的就是企业或"企业界""工业界"，因此校企合作就是学校与企业的合作。在教育领域，校企合作模式是对教育活动、改革发展状况等规律的整合和揭示。在著名学者杜威看来，学校就是社会，而教育就是生活经历，学校是社会生活的一个重要形式[①]。因此，从杜威的观点中可以看出校企合作模式是学校与企业根据各自的目标建立的一种合作共同体。

在大学英语教师的发展层面，校企合作模式有两个基本观念。

（1）英语教师的发展规划需要从全部参与者组成的整体来进行分析，从而在实现整体改革的同时，实现教师自身的发展，这需要依靠除了大学之外的其他力量。

（2）要想保证英语教师能够保持高水平的发展，首先需要保证教师所处的环境是开放、自然的。

对于上述两点，可以总结出如图 7-2-1 所示的模式。

---

① 叶鉴铭，周小海. 试论"校企共同体"的共同因素及其特征 [J]. 学术交流，2010（3）：199.

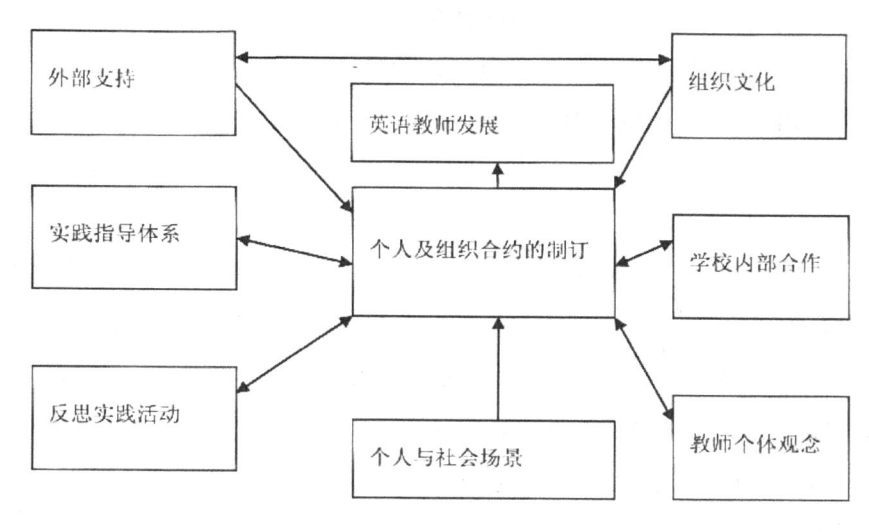

图 7-2-1 校企合作模式

在应用校企合作模式时，高校和企业需要创建一支高度符合要求的专业教师队伍。这需要从以下两点着手。

（1）大学英语教师深入企业环境，进行亲身体验与实践，以了解社会对学生素质的要求。在企业中，大学英语教师可以深度感受企业文化，从而建立正确的企业观、市场观，明确教学方向，提高教学水平。

（2）企业的高级员工去高校讲学，使教师队伍得到强化，增强当前高校教师力量，实现师资共建。

（二）师生合作模式

所谓师生合作模式，是指目标相同、信念相同、理想相同的教师和学生共同构筑的合作模式。该模式包含很多层面，如教学过程、教学内容、教学目标等。只有教师和学生都积极地参与到教学活动中，彼此之间进行互动交流，才能保证师生之间实现知识共享。这是构建师生合作模式的最终目的。

在构筑师生合作模式时，可以从如下几点着手。

（1）构筑民主的师生关系。就当前的师生关系来说，他们应该是平等的。根据民主教育思想，大学英语教师应该将学生个体的价值突出出来。每个学生都有自己的权利、自己的尊严、自己的情感需要，教师要尊重不同学生的个性，发挥学生在教学中的主体性。传统的英语教学方法强调"老师"为教学的核心,提倡"学生尊敬老师"的观念,但不可否认的是,"尊敬老师"的先决条件是老师也要尊敬学生。所以,在构建师生合作模式时,老师应该首先成为民主化的老师,拥有民主的教风、民主的思想、民主的作风等,可以与学生平等地进行沟通和合作。

(2)构筑合作化的情境。根据情境认知理论,知识的学习是围绕知识运用这一情境展开的。知识的学习不仅仅是学生在学习,更重要的是教师在学习。教师的学习与其工作融合在一起,通过不断地学习,他们可以改进自己的教学质量,提升自己的教学素质和能力。学生的学习就是在固有知识的基础上构建新的知识,是基于创造、问题、合作的学习。因此,在构筑师生合作模式时,教师和学生都应该创设真实的语言情境,也只有在这些真实的情境中,才能使教师、学生、教材形成一个对话的格局。

(3)构筑师生合作的共同愿景。在构筑师生合作模式时,共同愿景是所有人员都追求、认可的美好愿望,这是所有人追求的奋斗目标。师生合作意味着师生之间共同分享、参与、理解。在这里,教师和学生都知道自己正在做什么,知道做的事情与生活的关系等。

(三)同伴观摩模式

顾名思义,同伴观摩模式是指同行业的同事之间互相进行课堂倾听的模式。在该模式下,听课的教师应该保持坦率的态度,加倍关注任课教师的教学行为,而不仅仅是对任课教师进行监督和评价,从而既推动任课教师的发展,也对自己的课堂教学有一定的借鉴。

当进行同伴观摩时,任课教师与其他观摩教师就该堂课的教学环节、教学问题展开分析和商讨,而后决定采用何种观摩形式,观摩结束之后,教师之间要对观摩的结果进行总结。

一般情况下,同伴观摩模式对大学英语教师的发展有着重要作用。

(1)同伴观摩对被观摩者和观摩者都具有重要意义。同伴观摩需要任课教师与观摩教师的共同参与、共同合作。对于观摩者来说,他们观摩的是同伴的教学策略、教学实践、教学效果等方面，从而找出其教学的优缺点，并将好的层面运用到自己的教学实践中。对于被观摩者来说，他们可以通过观摩者给予的建议，对自己的教学活动进行总结，从而不断改进自己的教学过程，获得更好的教学效果。

（2）同伴观摩可以避免评估观摩模式与监督观摩模式带来的不利影响。一般情况下，监督观摩模式带有浓重的监督和评估的色彩，且它们对于任课教师的评估往往存在较大的主观性与规定性，这极大地影响着任课教师的心情和教学展示效果。相比之下，同伴观摩就不会出现这一情况，因为他们的身份地位比较接近，因此进行观摩是非常容易和合理的，从而促进大学英语教师的教学发展。

总之，同伴观摩模式为大学教学教师的发展提供了一个平台，推动着英语教师向着更高层次的水平发展。

（四）校本督导模式

校本督导模式是由学校成员参与的自主与合作的指导过程，目的是提升学校教育实践活动。

一般情况下，校本督导模式主要涉及如下几个层面。

（1）英语教师个人发展。其强调学校应该关注教师的个人满足感与职业的稳定。同时，学校也不能忽视教师的身体情况、家庭状况、感情状况等。也就是说，英语教师的个人发展涉及职业操守、宗教信仰、兴趣爱好、家庭生活、社会活动等方面。

（2）英语教师的专业发展。这是校本督导模式最基础的内容，其强调的是教师教学技能的发展和提高。具体来说，英语教师的专业发展主要涉及教学方法、专业知识、课程与教学、实践能力、教育研究、教学目标等方面。

（3）学校的组织发展。其强调的是教师生活质量的提高、学习组织氛围的改进、学习发展目标的达成。具体来说，学校的组织发展涉及人际关系、人事制度、学校规章制度、学校管理计划、学校组织、学校财政、校园氛围等。

但需要指出的是，英语教师个人发展、英语教师的专业发展、学校的组织发展这三大层面是紧密联系的，三者相互作用、相互重叠。教师专业发展是以英语教师个人发展与学校组织发展作为保障和支撑的。

校本督导模式有很多种形式：常规督导形式、自我督导形式以及教学督导形式。

（1）常规督导形式。这是一种必不可少的督导形式，其意义与行政监督有着相似的地方。常规督导形式往往是由学校主管部门或者院系领导定期组织听课，观察任课教师的课堂行为与教学活动，从而对任课教师提出意见，给予任课教师一定的帮助。

（2）自我督导形式。这一形式是由教师自己制订专业发展规划，然后独自实施，最后完成自己的专业发展规划，实现自己的专业发展。自我督导可以采取多种形式，如参加相关研讨会与座谈会、组织学生评价自己的教学行为、对研究报告和专业杂志进行分析、通过录像等设备来分析自己的教学活动等。

（3）教学督导形式。这一形式主要是由督导教师对任课教师进行有针对性的帮助活动，从而进一步提升任课教师的专业技能。这一督导形式是面对面的督导，通常采用的方式有诊断性督导、微格教学技术等。其中，诊断性督导形式是最常用的教学督导形式，其帮助的对象往往是新教师或者缺乏教学经验的教师，有助于帮助这些教师解决问题，促进新教师向着成熟教师的方向发展。

三、课程改革模式

除了发展提高模式与合作制模式外，课程改革模式也是重要的，它是大学英语教师的发展途径。这一模式主要包含教学内容改革模式与教学方法改革模式两项重要内容。下面就对这两大层面逐一进行说明。

（一）教学内容改革模式

一般来说，教学内容改革模式就是要求教师通过自己的教学实践来建构个性化教学体系，从而推动教师的专业发展。这是在建构主义学习理论的指导下产生的，且受认知理论的影响。在当代网络多媒体环境下，大学英语教学内容必须要帮助学生构建自己个性化的英语语言体系。

对于传统英语教学来说，其目的是培养大学生能够运用自己的语言知识能力来指导自己的实践活动,语言能力包含听、说、读、写、译五项技能。而对这五项技能起支配作用的就是一套完整的语言体系。因此,当代大学英语教学的内容改革应该致力于全面、科学地将语言体系要素及要素关系揭示出来,帮助学生内化自己的语言知识,并将其转化成自己的语言能力。要做到这一点,教师需要运用先进的教育学理论的最新研究成果,将教学内容与教学对象充分地展示出来,要引导学生对比中西文化差异,并在此基础上指导学生对照教学细目来盘点当前的语言知识和技能,帮助学生设计个性化的指标体系,从而给学生建构新的学习感受。

(二)教学方法改革模式

随着网络多媒体技术的融入,学生对英语学习的要求也越来越深入,越来越精细。单一的教学方法显然已经不适合社会发展的需要。基于此,教师应该从学生的实际需要出发,选择合适的教学方法。在教学方法改革模式下,其主要可以采用以下几种教学法。

(1)体裁分析教学法。在当前网络多媒体的大环境下,应用于不同领域的英语语篇具有特殊性,尤其在语域层面和体裁层面。即便是属于同一学科,语篇的体裁构型也会随交际目的的改变而改变。借助网络多媒体技术,通过对体裁进行分析,学生能够掌握特定体裁类型的语篇中语言的逻辑和篇章结构,从而有助于学生从整体上把握语篇的结构框架。因此,体裁分析是语言分析的最高层次。

(2)互动交际教学法。根据建构主义理论,语言学习是教师和学生互动参与的过程。同时,建构主义还强调学习需要合作才能更好地建构意义。在网络多媒体环境下,大学英语教学应该更注重学生交际能力的培养,而互动交际教学法正好解决了这一问题。

(3)语域分析教学法。如前所述,同一个词在不同的学科领域有不同的词义。这就是语域层面的差别。这一差别往往会通过词汇、语法、情态、语气等显示出来。因此,教师在大学英语教学中教授语言知识时,应该将其与特定语域相结合,从而分析其在特定语域中的意义,使学生更好地把握其词义、句义等。

(4)任务教学法。任务型教学(task-based language teaching)是20世纪80

年代兴起的一种强调"在做中学"（learning by doing）的语言教学方法，它指教师通过引导语言学习者在课堂上完成任务来进行的教学，在世界语言教育界引起了人们的广泛注意。在教学过程中，老师要以具体的交际和语言项目为中心，设计出详细的、可实现的任务，用任务来组织教学，以参与、体验、互动、交流、合作的学习模式，让学生能够充分地利用自己的认知能力，来完成学习，以达到学习和掌握语言的目的。将任务型教学法运用于基于网络和多媒体的英语教学中，以任务贯穿于听、说、读、写、译各个环节，可极大地发挥学生自主学习能力，提高英语教学效果。

在当代网络多媒体环境下，大学英语教师应该转变教学理念，不断了解和探索教学方法，认识到语言的掌握依赖于在活动中语言的使用，而不是单纯训练语言技能和学习语言知识，只有将各种教学方法有效地运用到教学中，才能真正提高教学效果并促进教师本人的发展。

参考文献

[1] 汪浦，高素伟. 大学英语 [M]. 北京：北京理工大学出版社，2016.

[2] 唐健禾. 大学英语 [M]. 成都：电子科技大学出版社，2008.

[3] 陈竞春，田娟. 大学英语语音教程 [M]. 成都：西南交通大学出版社，2020.

[4] 吴婷婷，宋洁，杨慧. 大学英语写作教学研究 [M]. 长春：吉林人民出版社，2021.

[5] 吕璀璀. 领先大学英语写作 [M]. 青岛：中国海洋大学出版社，2019.

[6] 赵丹，朱晓荣. 大学英语应用能力进阶教程 [M]. 成都：电子科技大学出版社，2019.

[7] 张玉静，周晓荣. 大学英语四级考试阅读精解 [M]. 北京：对外经济贸易大学出版社，2019.

[8] 赵永生. 大学英语诵读 [M]. 西安：西安交通大学出版社，2019.

[9] 滕智红. 大学英语实训教材下 [M]. 北京：北京理工大学出版社，2020.

[10] 朱全明，王依超. 大学英语写作与翻译 [M]. 苏州：苏州大学出版社，2018.

[11] 雷惠麟. 基于多元智能理论的大学英语教学研究 [J]. 延边教育学院学报，2022，36（04）：113-115.

[12] 张毅. 价值思辨引领贯穿大学英语教学质量评价研究 [J]. 安徽工业大学学报（社会科学版），2022，39（04）：36-40.

[13] 冷虹燕，张佳. 融入课程思政的大学英语教学创新研究 [J]. 校园英语，2022（31）：28-30.

[14] 丛飞雪. 应用型人才培养对大学英语教学的影响及教学创新 [J]. 海外英语，2022（13）：119-121.

[15] 孙凌燕. 高等教育国际化背景下大学英语教学的目标和定位 [J]. 校园英语，2022（28）：40-42.

[16] 甄强，曹亮，李晓红. 大学英语教学中水文化的融入与翻译研究 [J]. 给水排水，2022，58（07）：172.

[17] 银艳丽. 浅析慕课对大学英语教学的影响 [J]. 英语教师，2022，22（13）：128-130.

[18] 刘妍澄. 全人教育理念下荆楚文化融入大学英语的教学 [J]. 学园，2022，15（19）：42-44.

[19] 郭亚培. "互联网+"背景下大学英语教学有效方法探析 [J]. 校园英语，2022（26）：82-84.

[20] 陈映红. 语言学视角下的大学英语教学改革与实践探究 [J]. 海外英语，2022（12）：180-182.

[21] 余依. 跨文化交际视角下大学英语教学中的"中国文化失语"现象研究 [D]. 武汉：湖北工业大学，2021.

[22] 焦红丽. 非英语专业学生对不同模式大学英语教学的感知研究 [D]. 长春：吉林大学，2022.

[23] 张嘉欣. 基于产出导向法的大学英语教学中定向动机流研究 [D]. 太原：中北大学，2022.

[24] 周晓琴. 基于微课程的项目教学法在大学英语教学中的应用研究 [D]. 太原：中北大学，2022.

[25] 李兰蒙. 多模态大学英语教学模式建构—教师行为与学生信念的契合 [D]. 天津：天津理工大学，2021.

[26] 吴凡. 大学英语阅读教学微视频的设计研究 [D]. 南京：南京邮电大学，2021.

[27] 王童. 视觉语法视角下大学英语教学大赛多模态话语特征分析 [D]. 大连：辽宁师范大学，2021.

[28] 高露. 课堂生态环境下大学英语教师自主性研究 [D]. 无锡：江南大学，2021.

[29] 唐依铭. 大学英语阅读中词汇附带习得教学策略研究 [D]. 沈阳：沈阳师范大学，2021.

[30] 余依. 跨文化交际视角下大学英语教学中的"中国文化失语"现象研究 [D]. 武汉：湖北工业大学，2021.

参考文献

[29] 谢作栩. 大学发展阶段论[M]. 福州: 福建教育出版社, 2021.

[30] 余洋. 基于深度强化学习的无人驾驶自主决策研究[D]. 武汉: 湖北工业大学, 2021.